Colección de Recetas

Prácticas

Publications International, Ltd.

En la portada se ilustra: Sopa de Salmón, Maíz y Cebada *(página 248)*.
En la contraportada se ilustran (en el sentido de las manecillas del reloj, desde la izquierda): Papas y Salchichas al Horno *(página 30),* Chili con Alubias y Maíz *(página 324)* y Atún con Especias y Linguine con Ajo y Piñones *(página 160)*.

ISBN-13: 978-1-4127-2384-8
ISBN-10: 1-4127-2384-1

Número de Tarjeta del Catálogo de la Biblioteca del Congreso: 2006900096

Hecho en China.

8 7 6 5 4 3 2 1

Análisis Nutricional: Se realizó todo el esfuerzo necesario para asegurar la precisión de las cifras. Sin embargo, debido a las numerosas variables que intervienen en un amplio rango de valores de ciertos productos, el análisis alimentario de este libro debe considerarse como aproximado.

Cocción en Horno de Microondas: La potencia de los hornos de microondas es variable. Utilice los tiempos de cocción como guía y revise qué tan cocido está el alimento antes de hornear por más tiempo.

Tiempos de Preparación/Cocción: Los tiempos de preparación están basados en la cantidad aproximada de tiempo que se requiere para elaborar la receta antes de cocer, hornear, enfriar o servir. Dichos tiempos incluyen los pasos de la preparación, como medir, picar y mezclar. Se tomó en cuenta el hecho de que algunas preparaciones y cocciones pueden realizarse simultáneamente. No se incluyen la preparación de los ingredientes opcionales ni las sugerencias para servir.

Contenido

Platillos Nutritivos 4

Fácil Cocción Lenta 66

Sólo en una Sartén 118

Sencillos Sofritos 168

Reconfortantes Sopas 218

Guisados en una Olla 262

Chilis Favoritos 296

Prepárelo Light 326

Índice 372

pág. 30

pág. 162

pág. 308

Espagueti con Pollo y Queso

360 g de espagueti, sin cocer
4 mitades de pechuga de pollo, deshuesadas y sin piel (unos 565 g), en tiras
450 g de queso amarillo, en cubos
1 lata (300 ml) de crema de pollo condensada
1 lata (285 g) de tomates picados con chile verde, sin escurrir
1 lata (135 g) de champiñones rebanados, escurridos
⅓ de taza de leche

Un platillo nutritivo

en un solo guisado

significa menos

tiempo de

preparación y de

limpieza. Por tanto,

salga de la cocina y

deje que su horno

trabaje por usted.

1. Cueza la pasta de acuerdo con las instrucciones de la envoltura.

2. Rocíe una sartén con aceite en aerosol. Agregue el pollo y fría a fuego medio-alto de 4 a 5 minutos o hasta que se haya cocido. Añada el queso, la sopa, los tomates con chile, los champiñones y la leche. Revuelva a fuego bajo hasta que el queso se haya derretido. Incorpore la mezcla de pollo a la pasta y mezcle. Coloque en un molde engrasado de 33×23 cm.

3. Hornee a 180 °C de 35 a 40 minutos o hasta que se haya calentado.

Rinde de 6 a 8 porciones

Tiempo de Preparación: 5 minutos
Tiempo de Horneado: 40 minutos

Espagueti con Pollo y Queso

Enchiladas de Pollo

1 pollo entero (unos 1.350 kg), cortado en 8 piezas
3 chiles poblanos, asados, pelados, sin semillas, desvenados y picados
1 tomate rojo grande pelado, sin semillas y picado
½ taza de cebolla finamente picada
1 diente de ajo picado
½ cucharadita de comino molido
¼ de cucharadita de sal
½ taza de consomé de pollo
1½ tazas de crema
12 tortillas de maíz (de 15 cm de diámetro)
2 tazas (225 g) de queso para fundir rallado
Cebollines y pimiento rebanados para adornar

1. Coloque el pollo, en una capa, en una sartén de 30 cm. Agregue encima los chiles, el tomate, la cebolla, el ajo, el comino y la sal; vierta el consomé. Ponga a hervir a fuego medio-alto. Reduzca el fuego; tape y cueza durante 1 hora o hasta que el pollo se suavice.

2. Retire el pollo de la sartén con unas pinzas y sacuda las verduras. Deje reposar hasta que esté lo suficientemente frío para manejarlo.

3. Deseche la grasa de la sartén. Ponga a hervir el consomé a fuego medio-alto. Hierva de 4 a 8 minutos o hasta que la mezcla se haya reducido a 2 tazas. Vierta la mezcla de consomé en un molde de 33×23 cm.

4. Retire y deseche la piel y los huesos del pollo. Deshebre el pollo.

5. Caliente el horno a 190 °C. Caliente la crema en una sartén mediana a fuego medio hasta que esté a punto de hervir. Retire del fuego.

6. Sumerja 1 tortilla en la crema con unas pinzas durante algunos segundos, o hasta que la tortilla se suavice. Retire; escurra el exceso. Coloque unas 3 cucharadas de pollo en el centro de la tortilla.

7. Enrolle y coloque la tortilla en un refractario. Repita el procedimiento con el resto de las tortillas, la crema y el pollo. Vacíe encima de las enchiladas la crema restante.

8. Espolvoree el queso sobre las enchiladas. Hornee de 25 a 30 minutos o hasta que burbujee y el queso se haya derretido. Adorne, si lo desea.

Rinde de 4 a 6 porciones

Enchiladas de Pollo

Pollo César Tetrazzini

225 g de espagueti sin cocer
2 tazas de pollo deshebrado
1 taza de consomé de pollo
1 taza de aderezo César
1 frasco (135 g) de champiñones rebanados, escurridos
½ taza de queso parmesano rallado
2 cucharadas de pan molido

Cueza el espagueti de acuerdo con las instrucciones de la envoltura. Escurra y revuelva con el pollo, el consomé, el aderezo y los champiñones en un recipiente grande. Coloque la mezcla en un refractario de 2 litros de capacidad. Combine el queso con el pan molido y espolvoree sobre el espagueti. Hornee a 180 °C durante 25 minutos o hasta que el guisado se haya calentado y burbujee.

Rinde 4 porciones

8

Pastel de Pavo con Brócoli

1 bolsa (450 g) de brócoli picado, descongelado y escurrido
2 tazas de pavo o pollo cocido, en cubos
2 tazas de pan suave en cubos
225 g de queso americano rebanado
1 frasco (360 g) de gravy para pollo o pavo
½ taza de leche evaporada sin diluir
Pizca de pimienta

En un refractario de 20 cm engrasado con mantequilla, coloque en capas el brócoli, el pavo, el pan y el queso. Mezcle el gravy con la leche y la pimienta; vierta sobre el queso. Hornee a 190 °C durante 40 minutos. Deje reposar durante 5 minutos antes de servir.

Rinde 6 porciones

Pollo César Tetrazzini

Elegante y Rápido Guisado

1 paquete (285 g) de pechugas de pollo asadas
1 paquete (de 225 a 285 g) de chícharos (guisantes) y zanahorias congelados
1 frasco (480 g) de salsa Alfredo
180 g (1½ tazas sin cocer) de fusilli, rotelle o ziti, cocida y escurrida
1 paquete (225 g) de quesos italianos rallados y condimentados (2 tazas)
Sal y pimienta molida al gusto

Caliente el horno a 190 °C. Engrase un refractario cuadrado de 20 a 23 cm. En un recipiente mediano, mezcle el pollo, las verduras, la salsa, la pasta y 1 taza de queso. Sazone con sal y pimienta; revuelva bien. Agregue el resto del queso. Hornee durante 20 minutos o hasta que burbujee.

Rinde 4 porciones

Tiempo de Preparación: de 5 a 10 minutos
Tiempo de Cocción: 20 minutos

10

Pollo y Papas a las Hierbas

2 papas (patatas) medianas, finamente rebanadas (unos 450 g)
4 mitades de pechuga con hueso (unos 900 g)*
2 cucharadas de ajo en polvo con hierbas
⅓ de taza de agua
1 cucharada de aceite de oliva o vegetal

*Sustitución: Utilice 1 pollo (de 1.125 a 1.350 kg) cortado en piezas.

1. Caliente el horno a 220 °C. En un molde de 33×23 cm o en una charola para asar, agregue las papas; acomode encima el pollo.

2. Vierta el ajo mezclado con el agua y el aceite sobre el pollo y las papas.

3. Hornee, sin tapar, durante 40 minutos o hasta que el pollo pierda su color rosado en el centro y las papas estén suaves.

Rinde 4 porciones

Guisado de Pollo con Tortillas

1 cucharada de aceite vegetal
1 taza de pimiento morrón verde picado
1 cebolla pequeña picada
2 dientes de ajo finamente picados
450 g (unas 4) de mitades de pechuga de pollo, deshuesadas y sin piel, en trozos pequeños
1 frasco (450 ml) de salsa
1 lata (65 g) de aceitunas rebanadas
6 tortillas de maíz, cortadas a la mitad
2 tazas (225 g) de queso para derretir o cheddar rallado
Crema agria (opcional)

CALIENTE el horno a 180 °C.

CALIENTE el aceite en una sartén grande a fuego medio-alto. Agregue el pimiento, la cebolla y el ajo. Fría de 2 a 3 minutos o hasta que las verduras estén cocidas.

AGREGUE el pollo; fría y revuelva de 3 a 4 minutos o hasta que el pollo pierda su color rosado en el centro. Incorpore la salsa y las aceitunas. Retire del fuego.

COLOQUE 6 mitades de tortillas en un refractario cuadrado de 20 cm sin engrasar. Añada la mitad de la mezcla de pollo y 1 taza de queso; repita las capas.

HORNEE de 15 a 20 minutos o hasta que burbujee. Sirva con crema.   *Rinde 8 porciones*

11

Se estima que los americanos consumen unos 454 millones de kilogramos de tortillas cada año.

Lasaña Mexicana

4 mitades de pechugas de pollo, deshuesadas y sin piel
2 cucharadas de aceite vegetal
2 cucharaditas de chile en polvo
1 cucharadita de comino molido
1 lata (420 g) de tomates rojos picados con ajo, escurridos
1 lata (225 g) de salsa de tomate
1 cucharadita de salsa picante (opcional)
1 taza de queso ricotta semidescremado
1 lata (120 g) de chiles verdes picados
¼ de taza de cilantro fresco picado
12 tortillas de maíz (de 15 cm)
1 taza (120 g) de queso cheddar rallado

Caliente el horno a 190 °C. Corte el pollo en trozos de 1.5 cm.

Caliente el aceite en una sartén grande a fuego medio. Agregue el pollo, el chile en polvo y el comino. Cueza durante 4 minutos o hasta que el pollo esté suave; revuelva ocasionalmente. Añada los tomates, la salsa de tomate y la salsa picante, si lo desea; deje hervir. Reduzca el fuego y cueza durante 2 minutos.

Combine el queso ricotta, los chiles y 2 cucharadas de cilantro en un recipiente pequeño.

Sirva la mitad de la mezcla de pollo en un refractario de 30×20 cm. Corone con las 6 tortillas, la mezcla de queso ricotta, las 6 tortillas restantes, el resto de la mezcla de queso, el queso cheddar y el cilantro restante. Hornee durante 25 minutos o hasta que esté caliente.

Rinde de 6 a 8 porciones

Escoja chiles verdes que no estén muy picosos para esta receta. Si no encuentra tomates rojos con ajo, puede agregar un diente de ajo a la lata de tomates picados.

Lasaña Mexicana

Rico Pay de Pavo en Cazuela

1 cucharada de aceite vegetal
1 cebolla pequeña finamente picada
1 chile jalapeño,* sin semillas y picado
450 g de pavo molido
1 paquete (450 g) de verduras mixtas congeladas
½ cucharadita de tomillo seco
½ cucharadita de pimienta negra
2 latas (de 300 g cada una) de sopa de champiñones
1 paquete (315 g) de palitos de pan refrigerados (12 palitos)

*Los chiles jalapeños pueden irritar la piel; utilice guantes de hule cuando los maneje y no se toque los ojos. Lávese las manos después de trabajar con ellos.

1. Caliente el horno a 180 °C.

2. Caliente el aceite en una sartén grande a fuego medio. Agregue la cebolla y el jalapeño; fría durante 5 minutos o hasta que se suavice. Añada el pavo y fría hasta que pierda su color rosado; revuelva para separar la carne. Incorpore las verduras, el tomillo y la pimienta. Cueza por 5 minutos o hasta que las verduras se hayan descongelado. Vierta la sopa. Cueza durante 5 minutos o hasta que se caliente.

3. Sirva la mezcla de pavo en una cacerola de 33×23 cm engrasada. Estire y extienda los palitos de pan; presione los extremos juntos en caso necesario para que alcancen a cruzar el molde. Acomode los palitos de pan en diagonal cruzados sobre el pavo; recorte los extremos. Hornee de 15 a 20 minutos o hasta que los palitos se hayan dorado.   *Rinde 6 porciones*

Nota: La mezcla debe estar caliente cuando se sirva en la cacerola o los palitos de pan se tornarán chiclosos.

14

Rico Pay de Pavo en Cazuela

Pollo Estilo Normandía

2 cucharadas de mantequilla
3 tazas de manzana finamente rebanada (unas 3 manzanas)
450 g de pollo molido
¼ de taza de brandy o jugo de manzana
1 lata (390 ml) de crema de pollo
¼ de taza de cebollín finamente picado, sólo la parte verde
2 cucharaditas de salvia fresca picada o ½ cucharadita de salvia seca
¼ de cucharadita de pimienta
1 paquete (360 g) de tallarines de huevo, cocidos y escurridos

1. Caliente el horno a 180 °C.

2. Derrita 1 cucharada de mantequilla en una sartén de 30 cm. Agregue las rebanadas de manzana; cueza a fuego medio de 7 a 10 minutos o hasta que se suavicen. Retire la manzana de la sartén.

3. Agregue la carne de pollo molida a la sartén; fría a fuego medio hasta que se dore; sepárela con una cuchara. Añada el brandy y cueza por 2 minutos. Incorpore la sopa, el cebollín, la salvia, la pimienta y las rebanadas de manzana. Cueza durante 5 minutos.

4. Revuelva la pasta con la mantequilla restante. Sirva en un refractario cuadrado de 20 cm bien engrasado. Agregue la mezcla de pollo. Hornee durante 15 minutos o hasta que esté caliente.

Rinde 4 porciones

Nota: La carne molida de pollo se puede sustituir por carne molida de pavo o de cerdo, o por tofu desmoronado, si lo desea.

Para esta receta, elija manzanas que tengan un sabor dulce en vez de agrio.

Pollo Estilo Normandía

16

Pasta al Horno a la Toscana

225 g de salchicha italiana, desmoronada
225 g de carne molida de pavo
1 taza de cebolla picada
1 cucharadita de ajo finamente picado
1 lata (435 ml) de salsa de tomate
1 lata (420 g) de champiñones rebanados, escurridos
1 lata (70 g) de aceitunas negras rebanadas, escurridas
¼ de taza de perejil fresco picado
1 cucharadita de albahaca seca
1 cucharadita de orégano seco
¼ de cucharadita de pimienta
¼ de taza de queso parmesano rallado
½ paquete (360 g) de tallarines anchos de huevo, cocidos y escurridos
1 taza de queso mozzarella rallado

En una olla grande, dore la salchicha y el pavo con la cebolla y el ajo hasta que la carne pierda su color rosado. Agregue el resto de los ingredientes, excepto el queso parmesano, la pasta y el queso mozzarella; cueza durante 5 minutos. Agregue el queso parmesano y la pasta; revuelva bien. Vierta la mezcla de pasta en un molde engrasado de 33×23×5 cm. Hornee, tapado, a 180 °C durante 20 minutos. Espolvoree el queso mozzarella sobre la mezcla de pasta y hornee, sin tapar, de 5 a 7 minutos más.   *Rinde de 6 a 8 porciones*

18

Pollo con Pasta Parmesanos al Horno

1 paquete (360 g) de pasta extra ancha
4 mitades de pechuga de pollo, deshuesadas y sin piel
¼ de cucharadita de romero machacado
2 latas (de 420 g cada una) de tomates rojos picados con albahaca, orégano y ajo
½ taza (60 g) de queso mozzarella rallado
¼ de taza (30 g) de queso parmesano rallado

1. Caliente el horno a 230 °C.

2. Cueza la pasta de acuerdo con las instrucciones de la envoltura; escúrrala.

3. Mientras tanto, espolvoree el pollo con el romero; sazone con sal y pimienta, si lo desea. Acomode el pollo en un refractario de 33×23 cm. Hornee, sin tapar, durante 20 minutos o hasta que el pollo pierda su color rosado en el centro. Escurra; retire el pollo del refractario.

4. Escurra los tomates; reserve el líquido. En un recipiente grande, mezcle el líquido con la pasta y coloque en el refractario. Añada el pollo y los tomates; espolvoree con los quesos.

5. Hornee durante 10 minutos o hasta que se caliente. Espolvoree con queso parmesano adicional y adorne, si lo desea.   *Rinde 4 porciones*

Tiempo de Preparación y Cocción: 35 minutos

Pollo Tetrazzini

225 g de espagueti sin cocer, partido a la mitad
3 cucharadas de mantequilla
¼ de taza de harina de trigo
1 cucharadita de sal
½ cucharadita de pimentón
½ cucharadita de sal de apio
⅛ de cucharadita de pimienta
2 tazas de leche
1 taza de consomé de pollo
3 tazas de pollo cocido picado
1 lata (120 g) de champiñones, escurridos
¼ de taza de tiras de pimiento
¾ de taza (90 g) de queso parmesano rallado

En una olla grande, cueza el espagueti de acuerdo con las instrucciones de la envoltura; escúrralo. Regréselo a la olla. Agregue 1 cucharada de mantequilla; revuelva hasta que se derrita. En una olla de 3 litros de capacidad, derrita las 2 cucharadas restantes de mantequilla a fuego medio. Añada la harina, la sal, el pimentón, la sal de apio y la pimienta. Retire del fuego. De manera gradual, vierta la leche y el consomé. Cueza a fuego medio, revolviendo constantemente, hasta que se espese. Agregue el pollo, los champiñones, el pimiento, el espagueti y ¼ de taza de queso; caliente bien. Coloque la mezcla de pollo en un platón a prueba de calor. Espolvoree el queso restante. Ase a 7.5 cm de la fuente de calor hasta que se dore ligeramente.   *Rinde de 6 a 8 porciones*

Rollos de Col Rellenos de Pollo y Arroz

12 hojas grandes de col verde
¾ de cebolla mediana picada
1 diente de ajo picado
1 cucharada de aceite vegetal
1 lata (435 ml) de salsa de tomate
½ taza de agua
3 cucharadas de azúcar morena
3 cucharadas de jugo de limón
⅛ de cucharadita de especias mixtas molidas
3 tazas de pollo cocido finamente picado
1 taza de arroz cocido, frío
1 huevo, batido
¾ de cucharadita de sal
⅛ de cucharadita de pimienta negra

Ponga a hervir 6 tazas de agua en una olla grande a fuego alto. Agregue las hojas de col y reduzca el fuego a bajo. Tape y cueza de 10 a 12 minutos o hasta que las hojas de col estén suaves. Escurra y enjuague bajo el chorro de agua fría.

Fría la cebolla y el ajo en una sartén grande a fuego medio, de 6 a 8 minutos o hasta que se suavicen. Reserve ½ taza de la mezcla de cebolla. Añada la salsa de tomate, ½ taza de agua, el azúcar morena, el jugo de limón y las especias a la mezcla de cebolla. Cueza, sin tapar, durante 10 minutos; revuelva ocasionalmente.

Combine la mezcla de cebolla que reservó, el pollo, el arroz, el huevo, la sal y la pimienta. Coloque más o menos ⅓ de taza de la mezcla en el centro de cada hoja. Doble ambos lados sobre el relleno y enrolle.

Caliente el horno a 180 °C. Distribuya ½ taza de salsa de tomate en un molde para hornear de 33×23 cm. Sobre la salsa, acomode los rollos con la abertura hacia abajo. Sirva el resto de la salsa sobre los rollos y cubra con papel de aluminio. Hornee durante 1 hora y 15 minutos o hasta que estén muy suaves.

Rinde de 4 a 6 porciones

Rollos de Col Rellenos de Pollo y Arroz

Pollo Marroquí con Chabacano y Almendra

450 g de carne molida de pollo*
¾ de cucharadita de sal
¼ de cucharadita de canela molida
¼ de cucharadita de pimienta negra
1 cucharada de aceite de oliva
1 cebolla pequeña, pelada y picada
1 taza de chabacanos (albaricoques) secos rebanados
½ cucharadita de hojuelas de pimienta roja
½ cucharadita de jengibre molido
1 lata (840 g) de tomates rojos picados, sin escurrir
1 lata (300 ml) de consomé de pollo
½ taza de agua
1 taza grande de couscous perla**
¼ de taza de almendras rebanadas, tostadas

*La carne de pollo puede sustituirla por carne molida de pavo o cordero, si lo desea.

**El couscous perla, que es del tamaño de un grano de cebada, se puede encontrar en muchos supermercados. Si no lo consigue, puede sustituirlo por couscous regular.

1. Caliente el horno a 160 °C.

2. Combine la carne, ½ cucharadita de sal, la canela y la pimienta en un recipiente mediano. Forme bolas de 2.5 cm. Caliente el aceite en una sartén grande. Agregue el pollo y dórelo por todos los lados. Páselo a un plato. Añada la cebolla y los chabacanos a la sartén. Cueza la mezcla durante 5 minutos a fuego medio o hasta que la cebolla tenga una consistencia suave. Incorpore ¼ de cucharadita de sal, la pimienta, el jengibre y los tomates con su jugo. Hierva por 5 minutos.

3. Mientras tanto, ponga a hervir el consomé y el agua en una olla pequeña. Agregue el couscous.*** Reduzca el fuego; tape y cueza durante 10 minutos o hasta que la mayor parte del líquido se haya absorbido y el couscous esté cocido. Escurra en caso necesario.

4. Coloque el couscous en un refractario de 28×18 cm. Añada el pollo y sirva sobre la mezcla de tomate. Hornee durante 20 minutos o hasta que el pollo pierda su color rosado en el centro. Espolvoree con almendras. *Rinde de 4 a 6 porciones*

***Para cocer el couscous regular, siga las instrucciones de la envoltura utilizando 1 taza de consomé de pollo en vez de agua. Retire del fuego y deje reposar durante 5 minutos o hasta que el líquido se absorba. Esponje con un tenedor.

*Pollo Marroquí con
Chabacano y Almendra*

Pimientos Rellenos a la Italiana

3 pimientos morrones (verdes, rojos o amarillos), cortados a la mitad, sin semillas
450 g de carne molida de res
1 frasco (400 ml) de salsa para espagueti
1⅓ tazas de cebollas para freír
2 cucharadas de salsa picante
½ taza de arroz instantáneo sin cocer
¼ de taza de aceitunas rebanadas
1 taza (120 g) de queso mozzarella rallado

Caliente el horno a 200 °C. Coloque los pimientos, con el corte hacia abajo, en un refractario de 2 litros de capacidad.

Coloque la carne en un recipiente para microondas. Hornee a temperatura ALTA durante 5 minutos o hasta que la carne se dore; revuelva una vez. Escurra. Agregue la salsa, ⅔ *de taza* de cebollas, la salsa picante, el arroz y las aceitunas. Rellene los pimientos.

Cubra; hornee durante 35 minutos o hasta que los pimientos estén suaves. Destape; espolvoree los quesos y los ⅔ *de taza* de cebollas restantes. Hornee por 1 minuto o hasta que las cebollas se hayan dorado.   *Rinde 6 porciones*

24

Tortilla con Frijoles

450 g de carne molida de res, dorada y escurrida
1½ tazas de salsa
1 lata (435 g) de frijoles (judías) negros, escurridos
4 tortillas de harina (de 20 cm)
2 tazas (225 g) de queso para derretir rallado*

*Para un auténtico sabor mexicano, sustituya el queso por queso blanco.

Caliente el horno a 200 °C. Combine la carne, la salsa y los frijoles. En un refractario redondo de 2 litros de capacidad, ligeramente engrasado, coloque una capa de tortillas, ⅔ de taza de la mezcla de carne y ½ taza de queso. Repita las capas tres veces. Hornee durante 30 minutos o hasta que esté caliente.   *Rinde de 5 a 6 porciones*

Pimientos Rellenos a la Italiana

Espagueti al Horno

450 g de salchicha (regular o italiana)
1 lata (225 ml) de salsa de tomate
1 lata (180 ml) de pasta de tomate
1 lata (120 ml) de champiñones rebanados, escurridos
½ cucharadita de sal
½ cucharadita de albahaca seca
½ cucharadita de orégano seco
180 g de espagueti, cocido de acuerdo con las instrucciones de la envoltura y escurrido
⅓ de taza de queso mozzarella rallado
2 cucharadas de queso parmesano rallado
Hojas frescas de albahaca y rebanadas de tomate (opcional)

Caliente el horno a 190 °C. Corte las salchichas en trozos pequeños. Cueza en una sartén mediana a fuego medio hasta que se doren; revuelva ocasionalmente. Escurra la grasa. Combine la salsa de tomate, la pasta de tomate, los champiñones, la sal, la albahaca y el orégano en un recipiente grande. Agregue el espagueti y la salchicha. Sirva en un refractario de 1½ litros de capacidad, ligeramente engrasado; espolvoree con los quesos. Hornee de 20 a 30 minutos o hasta que se caliente. Adorne con albahaca fresca y rebanadas de tomate, si lo desea. Sirva caliente. Refrigere el sobrante. *Rinde 4 porciones*

26

La salchicha italiana es una buena elección para este guisado, le da ese sabor dulce a licor de las semillas de hinojo o anís. Se puede encontrar con sabor ligero o picante.

Espagueti al Horno

Chuletas de Cerdo y Relleno de Manzana al Horno

6 chuletas de cerdo (de 2 cm de grosor), sin hueso (unos 675 g)
¼ de cucharadita de sal
⅛ de cucharadita de pimienta negra
1 cucharada de aceite vegetal
1 cebolla pequeña picada
2 tallos de apio picados
2 manzanas peladas, descorazonadas y poco picadas (unas 2 tazas)
420 ml de consomé de pollo, con poca sal
1 lata (300 ml) de crema condensada de apio, sin diluir
¼ de taza de vino blanco seco
6 tazas de relleno sabor hierbas finas

Caliente el horno a 190 °C. Rocíe un refractario de 33×23 cm con aceite en aerosol.

Sazone ambos lados de las chuletas con sal y pimienta. Caliente el aceite en una sartén grande a fuego medio-alto. Agregue las chuletas y fría hasta que se doren por ambos lados; voltéelas una vez. Retire las chuletas de la sartén.

Añada la cebolla y el ajo a la sartén. Fría durante 3 minutos o hasta que la cebolla esté suave. Incorpore las manzanas y fría durante 1 minuto. Vierta el consomé, la crema y el vino; revuelva bien. Hierva y retire del fuego. Agregue el relleno y revuelva hasta que se humedezca.

Distribuya el relleno de manera uniforme en el molde que preparó. Coloque las chuletas encima del relleno; vierta sobre las chuletas los jugos que se hayan acumulado.

Cubra con papel de aluminio y hornee de 30 a 40 minutos o hasta que las chuletas estén jugosas y apenas rosadas en el centro. *Rinde 6 porciones*

Chuletas de Cerdo y Relleno de Manzana al Horno

Papas y Salchichas al Horno

450 g de papas (patatas) nuevas, partidas en mitades o en cuartos
1 cebolla grande rebanada
225 g de zanahorias baby
2 cucharadas de mantequilla, derretida
1 cucharadita de sal
1 cucharadita de ajo en polvo
½ cucharadita de tomillo seco
½ cucharadita de pimienta negra
450 g de salchicha cocida de pollo o de pavo

Caliente el horno a 200 °C. Rocíe un molde de 33×23 cm con aceite en aerosol.

Combine las papas, la cebolla, las zanahorias, la mantequilla, la sal, el ajo en polvo, el tomillo y la pimienta en un recipiente grande.

Coloque la mezcla de papa en el molde que preparó. Hornee, sin tapar, durante 30 minutos. Agregue la salchicha a la mezcla de papa y revuelva. Continúe el horneado de 15 a 20 minutos o hasta que las papas estén suaves y doradas.   *Rinde de 4 a 6 porciones*

Las papas nuevas o de cambray son papas pequeñas jóvenes. Existen muchas variedades; sin embargo, en su mayoría son rojas y redondas. Su contenido de azúcar no se ha convertido completamente en almidón, de modo que tienen una textura crujiente y sedosa.

Papas y Salchichas al Horno

Pasta con Res y Alubias al Horno

¼ **de taza de aceite vegetal***
225 g **de pluma de pasta sin cocer**
450 g **de carne molida de res o 225 g de carne molida de res y 225 g de salchicha italiana**
1 **cebolla pequeña, pelada y picada**
2 **cucharaditas de ajo molido embotellado o 1 diente grande de ajo, pelado y molido**
1 **lata (420 g) de tomates rojos picados, escurridos**
1 **cucharada de pasta de tomate**
1 **cucharadita de sazonador italiano**
½ **cucharadita de sal**
¼ **de cucharadita de pimienta negra recién molida**
1 **lata (225 g) de alubias, escurridas y enjuagadas**
¼ **de taza de queso parmesano rallado**
1 **taza (120 g) de queso mozzarella o provolone rallado**

*Utilice su aceite vegetal favorito.

1. Caliente el horno a 200 °C.

2. Ponga a hervir agua salada en una olla grande. Agregue 2 cucharadas de aceite y la pasta. Cueza la pasta de acuerdo con las instrucciones de la envoltura hasta que esté al dente. Escúrrala.

3. Mientras la pasta se cuece, caliente el aceite en una sartén a fuego medio-alto. Agregue la carne y fría durante 3 minutos o hasta que pierda su color rosado; separe la carne con un tenedor. Retire de la sartén. Deseche la grasa. Limpie la sartén.

4. Caliente las 2 cucharadas de aceite restantes en la sartén a fuego medio-alto. Añada la cebolla y el ajo. Fría durante 3 minutos o hasta que la cebolla se torne translúcida. Regrese la carne a la sartén. Incorpore los tomates, la pasta de tomate, el sazonador, la sal y la pimienta. Revuelva bien. Cueza durante 5 minutos.

5. Combine la pasta, la mezcla de carne y las alubias en un molde de 33×23×5 cm. Espolvoree con los quesos. Hornee a 200 °C de 20 a 30 minutos o hasta que el queso se derrita. Sirva inmediatamente.   *Rinde 4 porciones*

Nota: El platillo se puede preparar con un día de anticipación y refrigerarse, bien tapado con plástico. En caso de que lo refrigere, hornee a 190 °C, de 35 a 45 minutos.

Tiempo de Preparación: 30 minutos
Tiempo Total: de 50 a 60 minutos

Quiché Sureño de Jamón con Queso

4 tortillas de harina (de 20 cm)
2 cucharadas de mantequilla o margarina, derretida
2 tazas de mezcla de 4 quesos para pizza
1½ tazas (225 g) de jamón en cubos
½ taza de crema agria
¼ de taza de salsa
3 huevos, batidos

Caliente el horno a 180 °C. Corte 3 tortillas por la mitad. Coloque el resto de las tortillas en el fondo de un molde para quiché de 25 cm o en uno para tarta engrasado con mantequilla. Acomode las mitades de tortilla alrededor de la orilla del molde, con la parte redondeada hacia arriba, sobreponiéndolas de modo que formen la base. Barnice con el resto de la mantequilla. Coloque en un molde redondo de 23 cm dentro del molde de quiché. Hornee durante 5 minutos. Deje enfriar; desmolde. En un recipiente, mezcle el queso y el jamón. Agregue ½ taza de queso crema, ¼ de taza de salsa y los huevos. Vierta en la base de tortillas. Hornee de 55 a 60 minutos o hasta que, al insertar en el centro un cuchillo, éste salga limpio. Deje reposar durante 5 minutos. Sirva con salsa y crema adicionales.   *Rinde 6 porciones*

33

Guisado de Salchicha con Polenta

1 cucharada de aceite de oliva
1 taza de champiñones picados
1 pimiento morrón rojo pequeño, descorazonado, sin semillas y picado
1 cebolla pequeña picada
450 g de salchicha italiana regular o picante
1 frasco (de 840 a 900 g) de salsa para espagueti sin carne
1 rollo (de 450 a 510 g) de polenta

1. Caliente el horno a 180 °C.

2. Caliente el aceite en una sartén grande. Agregue los champiñones, el pimiento y la cebolla. Fría a fuego medio durante 5 minutos o hasta que se suavicen. Añada la salchicha; fría hasta que se dore; desmorónela con una cuchara. Escurra. Agregue la salsa y hierva durante 5 minutos.

3. Corte el rollo de polenta en 9 rebanadas y acomode en un molde cuadrado de 23 cm engrasado. Corone con la mezcla de salchicha. Hornee por 15 minutos.   *Rinde 4 porciones*

Lasaña Suprema

225 g de tiras de lasaña sin cocer
225 g de carne molida de res
225 de salchicha italiana
1 cebolla mediana picada
2 dientes de ajo picados
1 lata (420 g) de tomates rojos enteros pelados, sin escurrir y picados
1 lata (180 g) de pasta de tomate
2 cucharaditas de albahaca seca
1 cucharadita de mejorana seca
1 lata (120 g) de champiñones rebanados, escurridos
2 huevos
2 tazas (450 g) de queso cottage cremoso
¾ de taza de queso parmesano rallado
2 cucharadas de perejil seco
½ cucharadita de sal
½ cucharadita de pimienta negra
2 tazas (225 g) de queso cheddar rallado
3 tazas (360 g) de queso mozzarella rallado

1. Cueza la lasaña de acuerdo con las instrucciones de la envoltura; escúrrala.

2. Fría las carnes, la cebolla y el ajo en una sartén grande a fuego medio-alto hasta que la carne se dore; revuelva para separarla. Escurra la grasa de la sartén. Agregue los tomates con su jugo, la pasta de tomate, la albahaca y la mejorana. Reduzca el fuego a bajo. Cubra y cueza durante 15 minutos; revuelva a menudo. Añada los champiñones.

3. Caliente el horno a 190 °C. Bata los huevos en un recipiente grande; incorpore el queso cottage, ½ taza de queso parmesano, el perejil, la sal y la pimienta. Revuelva bien.

4. Coloque la mitad de la pasta en un molde de 33×23 cm engrasado. Distribuya la mitad de la mezcla de queso cottage sobre la pasta, luego la mitad de la mezcla de carne y la mitad del queso cheddar y mozzarella. Repita las capas. Espolvoree con el ¼ de taza restante de queso parmesano. Hornee la lasaña de 40 a 45 minutos o hasta que burbujee. Deje reposar durante 10 minutos antes de cortar.   *Rinde de 8 a 10 porciones*

Nota: La lasaña se puede preparar, cubrir y refrigerar hasta con 2 días de antelación. Hornee, sin tapar, a 190 °C durante 60 minutos o hasta que burbujee.

Lasaña Suprema

Goulash Húngaro

450 g de carne molida de cerdo
¼ de cucharadita de sal
¼ de cucharadita de pimienta negra
¼ de cucharadita de nuez moscada molida
1 cucharada de aceite vegetal
1 taza de crema agria baja en grasa
1 cucharada de fécula de maíz
1 lata (300 ml) de sopa de crema de apio
1 taza de leche
1 cucharadita de pimentón húngaro
1 paquete (360 g) de tallarín de huevo, cocido y escurrido
2 cucharaditas de eneldo fresco picado (opcional)

1. Caliente el horno a 160 °C. Rocíe un molde de 33×23 cm con aceite en aerosol.

2. Combine la carne, la sal, la pimienta y la nuez moscada en un recipiente. Forme albóndigas de 2.5 cm. Caliente el aceite en una sartén grande a fuego medio-alto. Agregue las albóndigas. Cueza durante 10 minutos o hasta que se hayan dorado por todos lados y pierdan su color rosado en el centro. Retire las albóndigas de la sartén; deseche la grasa.

3. Mezcle ¼ de taza de crema y la fécula en un recipiente pequeño. Vierta en la sartén. Agregue la crema agria restante, la crema, la leche y el pimentón. Revuelva hasta que se incorporen.

4. Coloque la pasta cocida en el molde que preparó. Acomode las albóndigas sobre la pasta y cubra con la salsa. Hornee durante 20 minutos o hasta que se caliente. Espolvoree con eneldo, si lo desea.

Rinde de 4 a 6 porciones

36

Goulash Húngaro

Carne con Verduras y Cheddar al Horno

2 latas (de 435 g cada una) de verduras mixtas, escurridas
3 tazas de queso cheddar rallado
2 tazas de coditos de pasta cocidos
450 g de carne molida de res, sin grasa, cocida y escurrida
½ taza de cebolla picada
¼ de cucharadita de pimienta

1. Caliente el horno a 180 °C.

2. En un recipiente grande, combine las verduras, el queso, los coditos, la carne, la cebolla y la pimienta. Vierta la mezcla en un refractario grande. Hornee de 30 a 35 minutos. Sirva caliente.

Rinde de 4 a 6 porciones

38

Pay de Res Tradicional

450 g de carne molida de res
1 lata (315 ml) de sopa de res condensada con verduras y cebada
½ taza de agua
1 paquete (285 g) de chícharos (guisantes) y zanahorias, descongelados y escurridos
½ cucharadita de sal sazonada
⅛ de cucharadita de ajo en polvo
⅛ de cucharadita de pimienta negra molida
1 taza (120 g) de queso cheddar rallado
1⅓ tazas de cebollas para freír
1 paquete (225 g) de bisquets refrigerados

Caliente el horno a 180 °C. En una sartén grande, dore la carne; escúrrala. Agregue la sopa, el agua, las verduras y los condimentos; deje hervir. Reduzca el fuego y cueza, sin tapar, durante 5 minutos. Retire del fuego; incorpore ½ taza de queso y ⅔ *de taza* de cebollas.

Vierta la mezcla en un molde de 30×20 cm. Corte cada bisquet por la mitad y colóquelo con la parte cortada hacia abajo en la orilla del molde. Hornee, sin tapar, de 15 a 20 minutos o hasta que los bisquets estén listos. Corone con el queso y los ⅔ *de taza* de cebollas restantes. Hornee, sin tapar, durante 5 minutos o hasta que las cebollas se doren.   *Rinde de 4 a 6 porciones*

Carne con Verduras y Cheddar al Horno

Fácil Cocido de Res al Horno

900 g de carne de res para cocido, sin hueso, en cubos de 4 cm
1 lata (450 g) de tomates rojos, escurridos, cortados
300 ml de caldo de res condensado
1 taza de vino tinto
1 cucharada de sazonador italiano*
6 papas (patatas) peladas y en cuartos
6 zanahorias, en trozos de 5 cm
3 tallos de apio, en trozos de 2.5 cm
2 cebollas medianas, peladas y en cuartos
⅓ de taza de tapioca instantánea
¼ de cucharadita de pimienta negra
Perejil fresco picado

*Puede sustituirlo con 1½ cucharaditas de albahaca y de orégano secos

Caliente el horno a 160 °C. Combine todos los ingredientes, excepto el perejil, en una olla a prueba de calor. Tape y hornee de 2½ a 3 horas o hasta que la carne y las verduras estén suaves. Adorne con perejil.

Rinde 8 porciones

40

Rollos de Lasaña Condimentados

675 g de salchicha italiana
1 frasco (840 ml) de salsa para espagueti
1 lata (225 ml) de salsa de tomate
½ taza de pimientos asados picados
¾ de cucharadita de sazonador italiano
½ cucharadita de hojuelas de pimienta roja
1 recipiente (435 g) de queso ricotta
1 paquete (285 g) de espinaca picada, descongelada y exprimida
2 tazas (225 g) de mezcla de quesos italianos, rallados
1 taza (120 g) de queso cheddar rallado
1 huevo, ligeramente batido
12 tiras de lasaña cocidas y escurridas

Caliente el horno a 180 °C. Rocíe un molde de 33×23 cm con aceite en aerosol.

Cueza la salchicha en una sartén grande a fuego medio hasta que se dore; separe la carne y escurra. Agregue ½ taza de salsa de espagueti, la salsa de tomate, los pimientos, el sazonador y la pimienta.

Combine el queso ricotta, la espinaca, 1½ tazas de la mezcla de quesos, ½ taza de queso cheddar y el huevo en un recipiente mediano. Distribuya ¼ de taza de la mezcla de queso ricotta sobre cada tira de lasaña. Corone con ⅓ de taza de la mezcla de salchicha. Enrolle cada tira desde el extremo más corto. Coloque los rollos, con la abertura hacia abajo, en el molde que preparó. Vierta el resto de la salsa de espagueti sobre los rollos. Espolvoree ½ taza de la mezcla de quesos restante y ½ taza de queso cheddar. Cubra el molde con papel de aluminio.

Hornee durante 30 minutos. Retire el papel de aluminio y hornee por 15 minutos o hasta que la salsa burbujee. *Rinde 6 porciones*

Pasta con Calabacitas al Horno

1½ **tazas de tubos de pasta sin cocer**
225 **g de carne molida de res**
½ **taza de cebolla picada**
1 **diente de ajo picado**
Sal y pimienta
1 **lata (420 g) de calabacitas con salsa de tomate a la italiana**
1 **cucharadita de albahaca seca machacada**
1 **taza (120 g) de queso para derretir rallado**

1. Cueza la pasta de acuerdo con las instrucciones de la envoltura; escúrrala.

2. Fría la carne con la cebolla y el ajo en una sartén grande; escurra. Sazone con sal y pimienta.

3. Agregue la calabacita con la salsa de tomate y la albahaca. Coloque la pasta en un molde cuadrado de 20 cm. Añada la mezcla de carne.

4. Hornee a 180 °C durante 15 minutos. Corone con el queso. Hornee durante 3 minutos o hasta que el queso se haya derretido. *Rinde 4 porciones*

Tiempo de Preparación y Cocción: 33 minutos

41

Guisado Mexicano con Tortillas

1 cucharada de aceite vegetal
1 cebolla pequeña picada
450 g de carne molida de cerdo*
1 lata (435 g) de tomates rojos picados, sin escurrir
1 cucharadita de orégano seco machacado
¼ de cucharadita de sal
¼ de cucharadita de comino molido
¼ de cucharadita de pimienta
1½ tazas (180 g) de queso para derretir con chile jalapeño
2 tazas de totopos
½ taza de crema agria baja en grasa
1 lata (120 g) de chiles verdes picados, escurridos
2 cucharadas de cilantro picado

*Para un guisado vegetariano, sustituya la carne por 450 g de tofu.

1. Caliente el horno a 180 °C.

2. Caliente el aceite en una sartén grande. Agregue la cebolla; fría durante 5 minutos o hasta que esté suave. Añada la carne y fría hasta que se dore; desbarátela con una cuchara. Escurra la grasa. Agregue los tomates con su jugo, el orégano, la sal, el comino y la pimienta. Sirva en un refractario de 28×18 cm. Espolvoree el queso sobre el guisado; acomode los totopos sobre el queso. Hornee de 10 a 15 minutos o hasta que el queso se haya derretido.

3. Mezcle la crema con los chiles. Sirva a cucharadas sobre el guisado. Espolvoree con el cilantro.

Rinde 6 porciones

El cilantro es una hierba que se parece mucho al perejil. Su distintivo sabor complementa los alimentos picantes, especialmente los platillos mexicanos, caribeños, tailandeses y vietnamitas.

Guisado Mexicano con Tortillas

Dulce y Sabroso Guisado de Salchicha

2 camotes, pelados y en cubos de 2.5 cm
2 manzanas peladas, descorazonadas y en cubos de 2.5 cm
1 cebolla mediana, en tiras delgadas
2 cucharadas de aceite vegetal
2 cucharaditas de sazonador italiano
1 cucharadita de ajo en polvo
½ cucharadita de sal
½ cucharadita de pimienta negra
450 g de salchicha italiana cocida, en trozos de 1.5 cm

Caliente el horno a 200 °C. Rocíe un molde de 33×23 cm con aceite en aerosol.

Combine los camotes, las manzanas, la cebolla, el aceite, el sazonador, la sal de ajo, la sal y la pimienta en un recipiente grande. Revuelva bien. Coloque la mezcla de camote en el refractario que preparó. Cubra y hornee, tapado, durante 30 minutos. Agregue la salchicha a la mezcla de camote. Hornee de 5 a 10 minutos o hasta que la salchicha se haya cocido completamente y los camotes estén suaves.

Rinde de 4 a 6 porciones

Guisado Cremoso de Res y Verduras

450 g de carne molida de res, magra
1 cebolla pequeña picada
1 bolsa (450 g) de verduras mixtas congeladas, como brócoli, maíz y pimientos
1 lata (300 ml) de crema de champiñones

• En una sartén mediana, dore la carne y la cebolla; escurra el exceso de grasa.

• Mientras tanto, cueza las verduras en una sartén grande, según las instrucciones de la envoltura; escúrralas.

• Agregue la mezcla de res y la sopa. Cueza a fuego medio hasta que se caliente.

Rinde 4 porciones

Sugerencia para Servir: Sirva sobre arroz y espolvoree con ½ taza de queso cheddar rallado.

Dulce y Sabroso Guisado de Salchicha

Tamal de Cazuela

675 g de carne molida de res
¾ de taza de cebollín rebanado
1 lata (120 g) de chiles verdes picados, escurridos
1 lata (450 g) de granos de maíz, escurridos
1 lata (300 ml) de sopa condensada de tomate
¾ de taza de salsa
1 lata (70 g) de aceitunas picadas sin hueso (opcional)
1 cucharada de salsa inglesa
1 cucharadita de chile en polvo
¼ de cucharadita de ajo en polvo
4 rebanadas (de 22 g cada una) de queso americano, en mitades
4 muffins de maíz, en cubos de 1.5 cm
Aderezo Mexicano de Crema Agria (receta más adelante, opcional)

Caliente el horno a 180 °C. Dore la carne con el cebollín en una sartén mediana a fuego medio-alto. Reserve 2 cucharadas de chiles para el Aderezo Mexicano de Crema Agria. Agregue el resto de los chiles, el maíz, la sopa de tomate, la salsa, las aceitunas, la salsa inglesa, el chile en polvo y el ajo en polvo a la sartén; revuelva bien. Coloque en un refractario de 2 litros de capacidad. Añada el queso; luego distribuya los cubos de muffin. Hornee de 5 a 10 minutos o hasta que el queso se haya derretido. Mientras tanto, prepare el Aderezo Mexicano de Crema Agria. Sirva el guisado con el aderezo, si lo desea. *Rinde 6 porciones*

Aderezo Mexicano de Crema Agria

1 taza de crema agria
2 cucharadas de chiles verdes picados (los que reservó antes)
2 cucharadas de chile jalapeño picado* (opcional)
2 cucharaditas de jugo de limón

*Los chiles jalapeños pueden irritar la piel; utilice guantes de hule cuando los maneje y no se talle los ojos. Lávese las manos después de trabajar con ellos.

Mezcle todos los ingredientes en un recipiente pequeño hasta que se incorporen.
Rinde más o menos 1 taza

Tamal de Cazuela

Guisado de Brócoli con Carne a la Crema

Aceite en aerosol
1 paquete (de 210 g) de coditos de pasta
2 tazas de brócoli picado, descongelado y escurrido
1 lata (360 g) de carne horneada con especias, en cubos
½ taza de pimiento morrón rojo picado
2 tazas de leche descremada
2 cucharadas de fécula de maíz
¼ de cucharadita de pimienta negra
1 taza (120 g) de queso cheddar rallado
¾ de taza de pan molido suave
2 cucharaditas de margarina, derretida

Caliente el horno a 180 °C. Rocíe un refractario con aceite en aerosol. Cueza los coditos de acuerdo con las instrucciones de la envoltura; escúrralos. Combine la pasta, el brócoli, la carne y los pimientos en el refractario. En una olla pequeña, revuelva la leche, la fécula y la pimienta hasta que la fécula se disuelva. Ponga a hervir, revolviendo constantemente, hasta que se espese. Reduzca el fuego a bajo. Agregue el queso y revuelva hasta que se haya derretido. Añada la salsa a la mezcla de carne. Combine el pan molido y la margarina; espolvoree encima del guisado. Hornee durante 40 minutos o hasta que se haya calentado bien.

Rinde 8 porciones

48

Ayuda

Para preparar el pan molido suave, elija pan de textura firme y quite las orillas de cinco rebanadas. Parta el pan en trozos pequeños y colóquelos en el procesador de alimentos. Procese pulsando el botón de encendido/apagado hasta obtener el tamaño deseado. Si el pan está demasiado suave, tuéstelo un poco antes de partirlo.

Pay de Atún

1 cucharada de margarina o mantequilla
1 cebolla pequeña picada
1 lata (300 ml) de crema condensada de papa, sin diluir
¼ de taza de leche
½ cucharadita de tomillo seco
½ cucharadita de sal
⅛ de cucharadita de pimienta negra
2 latas (de 180 g cada una) de atún en agua, escurrido
1 paquete (450 g) de verduras mixtas, como brócoli, ejotes, zanahorias y pimientos rojos, descongeladas
2 cucharadas de perejil fresco picado
1 lata (225 g) de pasta para croissants refrigerada

1. Caliente el horno a 180 °C. Rocíe un molde de 28×18 cm con aceite en aerosol.

2. Derrita la margarina en una sartén grande a fuego medio. Agregue la cebolla; fría durante 2 minutos o hasta que esté suave. Añada la crema, la leche, el tomillo, la sal y la pimienta; fría de 3 a 4 minutos o hasta que espese y burbujee. Incorpore el atún, las verduras y el perejil. Coloque la mezcla en el molde que preparó.

3. Desenrolle la pasta y divídala en triángulos. Coloque los triángulos sobre el relleno de atún sin sobreponerlos.

4. Hornee, sin cubrir, durante 20 minutos o hasta que los triángulos se hayan dorado. Deje reposar por 5 minutos antes de servir.   *Rinde 6 porciones*

Nota: Experimente con diferentes combinaciones de verduras y cree una excitante receta. Sólo sustituya una nueva combinación por la de la lista original y disfrute los resultados.

Pay de Atún

Rigatoni con Ricotta

1 paquete (450 g) de rigatoni
2 huevos
1 recipiente (435 g) de queso ricotta
¾ de taza (90 g) de queso parmesano rallado
1 cucharada de perejil seco
2 frascos (780 ml) de salsa para lasaña o salsa marinara
3 tazas (360 g) de queso mozzarella rallado

1. Caliente el horno a 190 °C. Rocíe un molde de 33×23×5 cm con aceite en aerosol. Cueza el rigatoni de acuerdo con las instrucciones de la envoltura.

2. Bata los huevos en un recipiente pequeño. Agregue el queso ricotta, el parmesano y el perejil.

3. Para preparar el guisado, distribuya 2 tazas de salsa en el molde para cubrir el fondo. Coloque la mitad de la pasta sobre la salsa. Agregue la mitad de la mezcla de queso ricotta; sírvala con cuchara. Ponga, en capas, 1 taza de queso mozzarella, 2 tazas de salsa, el rigatoni y la mezcla de ricotta restantes. Corone con 1 taza de queso mozzarella, la salsa restante y el mozzarella restante.

4. Cubra con papel de aluminio y hornee de 60 a 70 minutos o hasta que burbujee. Destape y continúe la cocción por unos 5 minutos o hasta que el queso se haya derretido. Deje reposar durante 15 minutos antes de servir.

Rinde 12 porciones

En realidad, el queso ricotta italiano tradicional no es un queso, pues no está hecho de leche, sino de suero de leche, un producto que se obtiene durante el proceso para obtener el queso. Con frecuencia, el queso ricotta se prepara con una combinación de suero y leche.

Rigatoni con Ricotta

Clásicas Conchas Rellenas

1 frasco (de 780 a 840 g) de salsa tradicional para espagueti
900 g de queso ricotta semidescremado
2 tazas de queso mozzarella semidescremado rallado (unos 225 g)
¼ de taza de queso parmesano rallado
3 huevos
1 cucharada de perejil fresco finamente picado
⅛ de cucharadita de pimienta negra molida
1 caja (360 g) de conchas gigantes de pasta, cocidas y escurridas

Caliente el horno a 180 °C. En un molde de 33×23 cm, distribuya 1 taza de salsa.

En un recipiente grande, revuelva los quesos, los huevos, el perejil y la pimienta. Rellene las conchas con la mezcla de queso; acomódelas en el molde. Corone con la salsa de manera uniforme. Hornee durante 45 minutos o hasta que la salsa burbujee.   *Rinde 8 porciones*

Champiñones con Brócoli al Horno

2 paquetes (de 285 g cada uno) de floretes de brócoli, descongelados
1 lata (300 ml) de crema condensada de champiñones
½ taza de aderezo de mayonesa
½ taza de leche
1 taza de queso cheddar rallado
½ taza de croutones machacados

● ACOMODE el brócoli en un molde de 30×20 cm.

● MEZCLE la crema, el aderezo y la leche. Vierta sobre el brócoli. Espolvoree con los quesos y los croutones.

● HORNEE a 180 °C de 30 a 35 minutos o hasta que se caliente bien.

Rinde de 6 a 8 porciones

Tiempo de Preparación: 10 minutos
Tiempo de Horneado: 35 minutos

Clásicas Conchas Rellenas

Guisado de Atún y Pasta

1 paquete (450 g) de pluma de pasta sin cocer
1 frasco (780 ml) de salsa para lasaña
2 latas (de 180 g cada una) de atún, escurrido y en trozos
1½ tazas de queso mozzarella rallado
3 cucharadas de queso parmesano rallado
Perejil picado, para adornar

Caliente el horno a 180 °C.

Prepare la pasta de acuerdo con las instrucciones de la envoltura.

Combine la pasta con la salsa y el atún en un molde de 30×20 cm. Espolvoree los quesos y hornee durante 40 minutos o hasta que se caliente y los quesos se hayan derretido. Coloque el molde en el asador durante unos minutos para que se dore el queso, si lo desea. Adorne con perejil picado, si gusta. Sirva inmediatamente. *Rinde de 4 a 6 porciones*

Guisado de Pasta con Queso

450 g de espagueti o fettuccine, en trozos de 7.5 cm
1 litro de salsa para espagueti preparada
½ taza más ⅓ de taza de queso romano rallado
1¾ tazas (210 g) de queso Colby rallado o rebanado
1½ tazas (180 g) de queso mozzarella rallado

Prepare la pasta de acuerdo con las instrucciones de la envoltura; escúrrala. Revuelva la pasta con la salsa. Agregue ½ taza de queso romano a la mezcla y revuelva bien. Distribuya la mitad de la pasta en un molde de 33×23×5 cm. Cubra con 1 taza de queso Colby. Distribuya el resto de la salsa sobre el queso. Añada el queso Colby restante. Espolvoree el queso romano restante y el queso mozzarella. Hornee a 180 °C de 35 a 40 minutos o hasta que la parte superior se haya dorado ligeramente y el guisado burbujee. Retire del fuego y deje reposar durante 10 minutos por lo menos antes de servir. *Rinde de 6 a 8 porciones*

Pay Vegetariano con Queso Parmesano

2 cucharadas de aceite de oliva
2 zanahorias grandes, en rebanadas delgadas
4 chalotes rebanados *o* 2 manojos (unas 15) de cebollas de cambray,* en trozos de 1.5 cm
15 ejotes (judías verdes) frescos,* partidos por la mitad
6 huevos, batidos, o el equivalente de sustituto de huevo
½ taza de leche baja en grasa
1 cucharada de harina de trigo
½ cucharadita de sal
⅛ de cucharadita de pimienta
½ taza de queso parmesano rallado

*Puede sustituir los chalotes con una cebolla mediana, y los ejotes, con media taza de chícharos (guisantes).

Caliente el horno a 180 °C. Engrase un molde cuadrado de 20 cm.

En una sartén grande, caliente el aceite de oliva a fuego medio. Agregue las zanahorias, los chalotes y los ejotes. Cueza durante 5 minutos o hasta que los chalotes estén brillantes, y las zanahorias y los ejotes estén suaves; revuelva ocasionalmente. Escurra el exceso de aceite.

En un recipiente grande, combine los huevos, la leche, la harina, la sal, la pimienta y el queso parmesano. Añada las verduras. Sirva en el molde que preparó. Hornee de 15 a 20 minutos o hasta que esté listo.

Rinde 4 porciones

57

Los chalotes pertenecen a la familia de las cebollas. Cada cabeza de chalote está formada por dos o más dientes, y cada diente está cubierto por una piel como de papel, que va de un color rojizo hasta dorado. La piel es blanquecina con un poco de púrpura.

Guisado de Atún con Pasta

210 g de coditos de pasta sin cocer
2 cucharadas de margarina o mantequilla
¾ de taza de cebolla picada
½ taza de apio finamente rebanado
½ taza de pimiento morrón rojo finamente picado
2 cucharadas de harina de trigo
1 cucharadita de sal
⅛ de cucharadita de pimienta blanca
1½ tazas de leche
1 lata (180 g) de atún en agua, escurrido
½ taza de queso parmesano rallado
Ramitas de eneldo fresco (opcional)

1. Caliente el horno a 190 °C. Rocíe un molde de 20 cm con aceite en aerosol.

2. Cueza la pasta de acuerdo con las instrucciones de la envoltura hasta que esté al dente; escúrrala.

3. Mientras tanto, derrita la margarina en una sartén grande y profunda a fuego medio. Agregue la cebolla; fría durante 3 minutos. Añada el apio y el pimiento; fría por 3 minutos. Espolvoree la harina, la sal y la pimienta sobre las verduras; fría durante 1 minuto. De manera gradual, vierta la leche y cueza hasta que se espese. Retire del fuego.

4. Agregue la pasta, el atún y ¼ de taza de queso a la sartén; revuelva bien. Coloque la mezcla de atún en el molde que preparó. Espolvoree de manera uniforme el queso restante.

5. Hornee, sin cubrir, de 20 a 25 minutos o hasta que esté caliente y burbujee. Adorne con eneldo, si lo desea.

Rinde 4 porciones

Guisado de Atún con Pasta

Brócoli con Queso al Horno

1 paquete (de 285 g) de brócoli picado congelado
1 lata (de 300 ml) de sopa de crema condensada de queso cheddar
½ taza de crema agria
2 tazas (360 g) de jamón picado
2 tazas de arroz cocido
½ taza de pan molido, suave
1 cucharada de mantequilla o margarina derretida

Caliente el horno a 180 °C. Cueza el brócoli de acuerdo con las instrucciones de la envoltura; escúrralo. Combine la crema y la crema agria. Agregue el brócoli, el jamón y el arroz. Coloque en un refractario de 1½ litros de capacidad. Mezcle el pan molido con la mantequilla. Espolvoree sobre el guisado. Hornee de 30 a 35 minutos. *Rinde de 4 a 6 porciones*

Pasta con Cuatro Quesos

¾ de taza de ziti o rigatoni sin cocer
3 cucharadas de mantequilla
½ taza de queso parmesano rallado
¼ de cucharadita de nuez moscada molida
¼ de taza de queso mascarpone
¾ de taza (unos 100 g) de queso mozzarella rallado
¾ de taza (unos 100 g) de queso Bel Paese semisuave rallado

Caliente el horno a 180 °C. Engrase ligeramente un refractario de 1 litro de capacidad.

En una olla grande con agua hirviente, cueza la pasta hasta obtener una consistencia suave pero firme. Escúrrala en un colador. Coloque en un recipiente grande. Agregue 1½ cucharadas de mantequilla, ¼ de taza de queso parmesano y ⅛ de cucharadita de nuez moscada.

Distribuya un cuarto de la mezcla de pasta en el refractario que preparó. Ponga el queso mascarpone sobre la pasta. Coloque otra capa con un cuarto de la pasta. Añada encima el queso mozzarella. Agregue una tercera capa de la pasta. Espolvoree con el queso Bel Paese. Corone con el resto de la pasta. Distribuya 1½ cucharadas de mantequilla. Espolvoree el queso parmesano y la nuez moscada restantes. Hornee hasta que se dore, por unos 20 minutos. *Rinde 4 porciones*

Brócoli con Queso al Horno

Fácil Pay de Cangrejo y Espárragos

120 g de carne de cangrejo desmenuzada
360 g de espárragos frescos cocidos
½ taza de cebolla picada cocida
1 taza (120 g) de queso para derretir rallado
¼ de taza de queso parmesano rallado
Pimienta negra
¾ de taza de harina
¾ de cucharadita de polvo para hornear
½ cucharadita de sal
2 cucharadas de mantequilla o margarina, fría
1½ tazas de leche
4 huevos, ligeramente batidos

1. Caliente el horno a 180 °C. Engrase ligeramente un molde para pay o quiché de 25 cm.

2. Coloque, en capas, la carne de cangrejo, los espárragos y la cebolla en el molde que preparó; agregue los quesos. Sazone con pimienta.

3. Combine la harina, el polvo para hornear y la sal en un recipiente grande. Con aspas para pasta o con 2 cuchillos, corte la mantequilla hasta formar grumos gruesos. Añada la leche y los huevos. Vierta sobre las verduras y los quesos.

4. Hornee durante 30 minutos o hasta que el relleno se esponje y cuando, al insertar cerca del centro un cuchillo, éste salga limpio.

Rinde 6 porciones

62

Guisado de Pasta y Espinaca con Queso

225 g de conchas de pasta sin cocer
2 huevos
1 taza de queso ricotta
1 paquete (285 g) de espinaca picada, descongelada y exprimida
1 frasco (780 ml) de salsa marinara
1 cucharadita de sal
1 taza (120 g) de queso mozzarella rallado
¼ de taza de queso parmesano rallado

Caliente el horno a 180 °C. Rocíe un refractario redondo de 1½ litros de capacidad con aceite en aerosol.

Cueza la pasta de acuerdo con las instrucciones de la envoltura hasta que esté al dente. Escúrrala.

Mientras tanto, bata los huevos en un recipiente grande. Agregue el queso ricotta y las espinacas; revuelva hasta que se mezclen. Añada la pasta, la salsa marinara y la sal; revuelva. Coloque en el molde que preparó. Espolvoree los quesos mozzarella y parmesano sobre el guisado.

Hornee, sin cubrir, durante 30 minutos. Destape y hornee por 15 minutos o hasta que esté caliente y burbujee. *Rinde de 6 a 8 porciones*

Ravioles sin Carne al Horno

4 tazas de berenjena finamente picada
½ taza de cebolla picada
¼ de taza de zanahoria picada
¼ de taza de apio picado
3 cucharadas de aceite de oliva
2 latas (de 225 g cada una) de salsa de tomate sin sal
1 lata (420 g) de tomates rojos machacados
½ cucharadita de azúcar
⅛ de cucharadita de pimienta
1 paquete (510 g) de ravioles grandes congelados, preparados según las instrucciones de la envoltura

1. Caliente el horno a 190 °C.

2. En una olla, saltee la berenjena, la cebolla, las zanahorias y el apio en aceite caliente hasta que se suavicen.

3. Agregue la salsa de tomate, los tomates, el azúcar y la pimienta. Cueza, sin tapar, durante 10 minutos; revuelva ocasionalmente.

4. Sirva 1½ tazas de la mezcla de tomate en un refractario de 33×23×5 cm. Distribuya la mitad de los ravioles y la mitad de la salsa restante. Repita las capas.

5. Hornee, sin tapar, por 30 minutos o hasta que burbujee. *Rinde 6 porciones (de 210 g)*

Manicotti Marinara

1 paquete (225 g) de manicotti o ½ paquete (225 g) de conchas gigantes de pasta
2 frascos (de 780 g cada uno) de salsa marinara para pasta
2 huevos
1 recipiente (435 g) de queso ricotta
4 tazas (450 g) de queso mozzarella rallado
1 taza (120 g) de queso parmesano rallado
¼ de taza de perejil fresco picado o 1 cucharada de perejil seco

1. Cueza la pasta de acuerdo con las instrucciones de la envoltura; escúrrala. Caliente el horno a 180 °C. Rocíe un molde de 40×25×5 cm con aceite en aerosol. Distribuya de manera uniforme 1 frasco de salsa marinara en el fondo del molde.

2. Bata los huevos en un recipiente grande. Agregue el queso ricotta, 3 tazas de queso mozzarella, ¾ de taza de queso parmesano y el perejil. Rellene cada concha cocida con la mezcla de queso ricotta. Acomode las conchas rellenas en el molde sobre la salsa. Vierta el segundo frasco de salsa marinara y los quesos mozzarella y parmesano restantes.

3. Cubra con papel de aluminio y hornee por unos 45 minutos o hasta que burbujee. Destape y continúe horneando durante 5 minutos o hasta que el queso se haya derretido. Deje reposar por 5 minutos antes de servir.

Rinde 6 porciones

Nota: Puede agregar un paquete (285 g) de espinaca congelada, descongelada, bien escurrida a la mezcla de queso ricotta.

Ayuda

Para rellenar una concha de manicotti, sosténgala con una mano y rellénela con una cuchara chica o una de mango largo. Rellene por un extremo y empuje el relleno hacia el centro de la concha; luego voltéela y termine de rellenar por el otro extremo.

64

Manicotti Marinara

Pollo con Champiñones a la Crema

1 cucharadita de sal
½ cucharadita de pimienta negra
¼ de cucharadita de pimentón
3 pechugas de pollo, deshuesadas y sin piel, partidas
1¾ cucharaditas de consomé de pollo instantáneo
1½ tazas de champiñones frescos rebanados, escurridos
½ taza de cebollín rebanado
1 taza de vino blanco
½ taza de agua
1 lata (150 ml) de leche evaporada
5 cucharaditas de fécula de maíz
Arroz cocido caliente

INSTRUCCIONES PARA COCCIÓN LENTA

1. Combine la sal, la pimienta y el pimentón en un recipiente pequeño; espolvoree sobre el pollo. Frote las especias en el pollo.

2. En capas, coloque el pollo, el consomé, los champiñones y el cebollín en la olla de cocción lenta. Vierta el vino y el agua. Tape y cueza a potencia ALTA durante 3 horas, o BAJA de 5 a 6 horas. Transfiera el pollo y las verduras a un platón; cubra y mantenga calientes.

3. Mezcle la leche evaporada y la fécula de maíz en una olla pequeña hasta que se uniforme. De manera gradual, incorpore 2 tazas de líquido de la olla de cocción lenta. Ponga a hervir. Hierva durante 1 minuto o hasta que haya espesado; revuelva constantemente. Para servir, vierta salsa sobre el pollo y el arroz. *Rinde de 3 a 4 porciones*

Pollo con Champiñones a la Crema

Pollo con Relleno

½ **taza de harina de trigo**
¾ **de cucharadita de sal condimentada**
4 a 6 **pechugas de pollo, deshuesadas y sin piel**
¼ **de taza de mantequilla**
2 **latas (de 300 ml cada una) de crema condensada de champiñones, sin diluir**
½ **taza de agua**
1 **paquete (360 g) de relleno sazonado**

INSTRUCCIONES PARA COCCIÓN LENTA

Combine la harina, la sal y la pimienta en una bolsa grande de plástico. Enharine el pollo con la mezcla. Derrita la mantequilla en una sartén grande a fuego medio-alto. Dore ambos lados del pollo en la mantequilla. Coloque el pollo en la olla de cocción lenta. Revuelva la crema y el agua en un recipiente mediano; vierta sobre el pollo. Prepare el relleno de acuerdo con las instrucciones de la envoltura, disminuya el líquido a la mitad; vacíe sobre el pollo. Tape y cueza a potencia ALTA de 3 a 4 horas. *Rinde de 4 a 6 porciones*

68

Guisado He-Man

1 **paquete (unos 1.500 kg) de pollo sin piel**
  Sal y pimienta negra al gusto
2 **cucharadas de aceite de oliva**
1 **lata (840 g) de tomates rojos enteros, escurridos y picados**
1 **lata (360 ml) de cerveza light**
1 **cebolla rebanada en aros**
¼ **de taza de mostaza oscura condimentada**
4 **tazas de coditos de pasta cocidos**

INSTRUCCIONES PARA COCCIÓN LENTA

Sazone el pollo con sal y pimienta. En una sartén, caliente el aceite. Fría el pollo de 5 a 6 minutos por lado (las piezas más grandes), de 3 a 4 minutos por lado (las piezas más pequeñas), o hasta que se doren; voltéelas a menudo. En una olla de cocción lenta, mezcle los tomates, la cerveza, la cebolla y la mostaza. Agregue el pollo y cueza a potencia ALTA de 1½ a 2 horas. Sirva sobre la pasta. *Rinde de 3 a 4 porciones*

Pollo con Relleno

Tacos de Pavo

½ kg de pavo molido
1 cebolla mediana picada
1 lata (180 g) de pasta de tomate
½ taza de salsa espesa
1 cucharada de cilantro fresco picado
½ cucharadita de sal
8 tostadas dobladas
1 cucharada de mantequilla
1 cucharada de harina
¼ de cucharadita de sal
⅓ de taza de leche
½ taza de crema agria
   Una pizca de chile en polvo

INSTRUCCIONES PARA COCCIÓN LENTA

Fría el pavo y la cebolla en una sartén grande a fuego medio hasta que el pavo se dore; separe la carne. Mezcle el pavo, la pasta de tomate, la salsa, el cilantro y la sal en la olla de cocción lenta. Tape y cueza a potencia BAJA de 4 a 5 horas.

Justo antes de servir, derrita la mantequilla en una olla pequeña a fuego bajo. Agregue la harina y la sal; cueza durante 1 minuto. Con cuidado, vierta la leche. Cueza a fuego bajo hasta que se espese. Retire del fuego. Combine la crema y el chile en un recipiente pequeño. Añada la leche caliente a la mezcla. Regrese al fuego; cueza a fuego bajo por 1 minuto; revuelva sin cesar.

Coloque ¼ de taza de la mezcla de pavo en cada tostada. Sirva con salsa y crema.

Rinde 8 tacos

Ayuda

¡Mantenga puesta la tapa de la olla de cocción lenta! Toma entre 20 y 30 minutos para que una olla de cocción lenta recupere el calor perdido al quitar la tapa.

Pollo de la Cosecha

1 paquete (unos 565 g) de muslos de pollo sin piel
½ cucharadita de sazonador italiano con hierbas
Sal y pimienta molida
3 rebanadas de tocino (beicon) picado
2 latas (de 420 g cada una) de pasta de tomate con quesos
1 cebolla mediana picada
¼ de taza de vino tinto
1 diente de ajo picado
1 calabacita pequeña, en tiras julianas
1 paquete (360 g) de pasta pelo de ángel, cocida y escurrida

INSTRUCCIONES PARA COCCIÓN LENTA

Espolvoree el pollo con el sazonador italiano y sal y pimienta al gusto. En una sartén antiadherente grande, cueza el tocino, a fuego medio-bajo, por unos 5 minutos, hasta que esté crujiente. Retire de la sartén; escurra y desmorone. Aumente el fuego a medio-alto. Agregue el pollo a la sartén con la grasa del tocino (o reemplace esa grasa con 1½ cucharadas de aceite de oliva). Cueza de 4 a 5 minutos o hasta que se dore; voltee a menudo.

En una olla grande de cocción lenta, mezcle la pasta, el tocino, la cebolla, el vino y el ajo. Añada el pollo y cueza a potencia ALTA de 1½ a 1¾ horas o hasta que esté cocido. Incorpore la calabacita durante los últimos 5 minutos de cocción. Sirva el pollo y las verduras sobre la pasta.

Rinde de 3 a 4 porciones

71

La piel del pollo tiende a rizarse con el calor de la olla de cocción lenta. Por eso es que la mayoría de las recetas se preparan con pollo sin piel. En caso de que utilice piezas con piel, dórelas en una sartén con un poco de aceite antes de colocarlas en la olla. Esto le dará más sabor al pollo y reducirá el rizado.

Pavo con Frijoles

450 g de carne molida de pavo
1 cebolla pequeña picada
1 lata (840 g) de tomates rojos picados, sin escurrir
1 lata (unos 400 g) de garbanzos
1 lata (450 g) de frijoles bayos (judías rojas) y una de frijoles negros (judías negras)
1 lata (225 g) de salsa de tomate
1 lata (unos 120 g) de chiles verdes picados
1 a 2 cucharadas de chile en polvo

INSTRUCCIONES PARA COCCIÓN LENTA
Fría la carne y la cebolla en una sartén mediana a fuego medio-alto, revolviendo para despegar la carne, hasta que ésta pierda su color rosado. Escurra y coloque la mezcla de carne en la olla de cocción lenta. Agregue todos los ingredientes restantes y mezcle bien. Cueza a potencia ALTA de 6 a 8 horas. *Rinde de 6 a 8 porciones*

72

Sencillo Coq au Vin

4 piernas de pollo
Sal y pimienta negra
2 cucharadas de aceite de oliva
225 g de champiñones rebanados
1 cebolla rebanada en aros
½ taza de vino tinto
½ cucharadita de albahaca seca, de tomillo seco y de orégano seco

INSTRUCCIONES PARA COCCIÓN LENTA
Sazone el pollo con sal y pimienta. Caliente el aceite en una sartén grande; dore el pollo por ambos lados. Retire el pollo y colóquelo en la olla de cocción lenta. Saltee los champiñones y la cebolla en la misma sartén. Agregue el vino; revuelva y raspe los residuos en la sartén. Añada la mezcla a la olla. Espolvoree con albahaca, tomillo y orégano. Tape y cueza a potencia BAJA de 8 a 10 horas, o ALTA de 3 a 4 horas. Sirva el pollo y la salsa sobre arroz cocido caliente. *Rinde 4 porciones*

Pavo con Frijoles

Pollo con Arroz

3 latas (de 300 ml cada una) de sopa de crema condensada de pollo, sin diluir
2 tazas de arroz instantáneo
1 taza de agua
450 g de pechugas de pollo, deshuesadas y sin piel, o filetes de pechuga de pollo
Sal y pimienta al gusto
Pimentón al gusto
½ taza de apio picado

INSTRUCCIONES PARA COCCIÓN LENTA

Combine la sopa, el arroz y el agua en la olla de cocción lenta. Agregue el pollo y sazone con sal, pimienta y pimentón. Añada el apio. Tape y cueza a potencia ALTA de 3 a 4 horas, o BAJA de 6 a 8 horas.

Rinde 4 porciones

74

Pollo Parisino

6 pechugas de pollo, deshuesadas y sin piel, en cubos
Sal al gusto
Pimienta negra al gusto
½ cucharadita de pimentón
1 lata (300 ml) de crema condensada de champiñones o de pollo, sin diluir
2 latas (de 120 g cada una) de champiñones rebanados, escurridos
½ taza de vino blanco seco
1 taza de crema agria
6 tazas de tallarines de huevo cocidos calientes

INSTRUCCIONES PARA COCCIÓN LENTA

1. Coloque el pollo en la olla de cocción lenta. Sazone con sal, pimienta y pimentón.

2. Vierta la crema, los champiñones y el vino sobre el pollo; revuelva. Tape y cueza a temperatura ALTA de 2 a 3 horas. Durante los últimos 30 minutos de cocción, agregue la crema agria. Sirva sobre los tallarines. Adorne al gusto.

Rinde 6 porciones

Pollo con Arroz

Guisado Brunswick

1 paquete (unos 900 g) de muslos de pollo
840 ml de consomé de pollo
3 papas (patatas) peladas, en cubos de 1.5 cm (3 tazas)
1 lata (420 g) de tomates estilo criollo o mexicano
1 paquete (285 g) de succotash, parcialmente descongelado
  Sal y pimienta negra molida al gusto
  Salsa picante al gusto

INSTRUCCIONES PARA COCCIÓN LENTA
En la olla de cocción lenta, combine el pollo, el consomé y las papas. Tape y cueza a potencia BAJA de 2½ a 3 horas hasta que el pollo se haya cocido. Agregue los tomates, el succotash, la sal y la pimienta. Suba la potencia a ALTA y cueza durante 1 hora. Sazone con sal, pimienta y salsa picante. Sirva en tazones para sopa.   *Rinde de 4 a 6 porciones*

Nota: Esta receta también se puede cocer en una olla a fuego medio-bajo durante 1 hora más o menos. Para mayor sabor, agregue ½ taza de jamón de pavo picado.

76

El Guisado Brunswick es llamado así por un condado de Virginia, EUA, de donde se dice que es originario. Por lo general se prepara con pollo e incluye tomates, frijoles, maíz (succotash) y, algunas veces, okra. El guisado originalmente se preparaba con carne de ardilla, en vez de pollo.

Pollo Campirano del Capitán

4 muslos de pollo
2 cucharadas de harina de trigo
2 cucharadas de aceite vegetal
1 taza de pimiento morrón verde picado
1 cebolla grande picada
1 tallo de apio picado
1 diente de ajo picado
¼ de taza de consomé de pollo
2 tazas de tomates rojos cocidos machacados o tomates rojos frescos picados
¼ de taza de uvas pasa doradas
1½ cucharaditas de curry en polvo
1 cucharadita de sal
¼ de cucharadita de pimentón
¼ de cucharadita de pimienta negra
2 tazas de arroz cocido caliente

INSTRUCCIONES PARA COCCIÓN LENTA

1. Cubra el pollo con la harina. Caliente 1 cucharada de aceite en una sartén grande a fuego medio-alto. Agregue el pimiento, la cebolla, el apio y el ajo. Fría durante 5 minutos o hasta que las verduras estén suaves. Colóquelas en la olla de cocción lenta.

2. Caliente el aceite restante en la misma sartén a fuego medio-alto. Añada el pollo; cuézalo durante 5 minutos de cada lado. Colóquelo en la olla de cocción lenta.

3. Vierta el consomé en la sartén. Caliente a fuego medio-alto, revolviendo frecuentemente y raspando los residuos de la sartén. Vierta el líquido en la olla. Incorpore los tomates, las uvas pasa, el curry, la sal, el pimentón y la pimienta. Tape y cueza a potencia BAJA durante 3 horas. Sirva el pollo con salsa sobre arroz.

Rinde 4 porciones

El Pollo Campirano del Capitán es un platillo tradicional del sur de EUA. La leyenda cuenta que un capitán marino británico disfrutaba de este platillo mientras estaba comisionado en la India, a principios del siglo XIX, y luego lo compartió con sus amigos del puerto de Savannah, Georgia. El interés por este platillo se extendió a otras partes del país durante la Segunda Guerra Mundial, cuando los periódicos reportaban que también se le servía al presidente Franklin Roosevelt y a su invitado, el general George Patton, en Warm Springs, Georgia.

Pollo Chino con Nuez

450 g de germinado de soya
2 tazas de pollo cocido rebanado
1 lata (300 ml) de crema condensada de champiñones, sin diluir
1 taza de apio rebanado
½ taza de cebollín picado
1 lata (120 g) de champiñones, escurridos
3 cucharadas de mantequilla
1 cucharada de salsa de soya
1 taza de nuez de la India

INSTRUCCIONES PARA COCCIÓN LENTA
Mezcle todos los ingredientes, excepto las nueces, en la olla de cocción lenta. Tape y cueza a potencia BAJA de 4 a 6 horas, o ALTA de 3 a 4 horas. Agregue las nueces justo antes de servir.

Rinde 4 porciones

78

Pollo Continental

1 paquete (65 g) de carne seca de res, en trozos
4 pechugas de pollo, deshuesadas y sin piel
4 rebanadas de tocino (beicon) magro
1 lata (300 ml) de crema condensada de champiñones, sin diluir
¼ de taza de harina de trigo
¼ de taza de crema agria baja en grasa

INSTRUCCIONES PARA COCCIÓN LENTA
1. Rocíe el interior de la olla de cocción lenta con aceite en aerosol. Coloque la carne en el fondo. Envuelva cada pieza de pollo con una tira de tocino. Coloque el pollo sobre la carne.

2. Mezcle la crema, la harina y la crema agria en un recipiente mediano. Vierta sobre el pollo. Tape y cueza a potencia BAJA de 7 a 9 horas, o ALTA de 3 a 4 horas. *Rinde 4 porciones*

Pollo Chino con Nuez

Pollo al Curry con Coco

1 cucharada de aceite vegetal
4 pechugas de pollo, deshuesadas y sin piel
3 papas (patatas) medianas, peladas y picadas
1 cebolla mediana rebanada
1 lata (400 ml) de leche de coco
1 taza de consomé de pollo
1½ cucharaditas de curry en polvo
1 cucharadita de salsa picante (opcional)
½ cucharadita de sal
½ cucharadita de pimienta negra
1 paquete (285 g) de chícharos (guisantes) congelados
Arroz cocido caliente (opcional)

INSTRUCCIONES PARA COCCIÓN LENTA

1. Caliente el aceite en una sartén mediana. Dore las pechugas por ambos lados. Coloque las papas y la cebolla en la olla de cocción lenta. Ponga encima las pechugas. Combine la leche de coco, el consomé, el curry, la salsa picante, si lo desea, la sal y la pimienta en un recipiente mediano. Vierta sobre el pollo. Tape y cueza a potencia BAJA de 6 a 8 horas.

2. Unos 30 minutos antes de servir, agregue los chícharos a la olla. Sirva sobre arroz cocido caliente, si lo desea.

Rinde 4 porciones

80

 *Ayuda*

La leche de coco se usa en muchos platillos tropicales y asiáticos. Agrega sabor a los curries, los pudines y las salsas. La leche de coco se consigue enlatada en los mercados asiáticos y en algunos supermercados grandes. No se debe confundir con el líquido de los cocos frescos.

Pollo al Curry con Coco

Sándwiches de Cerdo BBQ

1.800 kg de lomo de cerdo, deshuesado y sin grasa
  420 ml de consomé de pollo
    ⅓ de taza de salsa inglesa
    ⅓ de taza de salsa de pimienta de Cayena

SALSA
    ½ taza de salsa catsup
    ½ taza de melaza
    ¼ de taza de mostaza
    ¼ de taza de salsa inglesa
     2 cucharadas de salsa de pimienta de Cayena

INSTRUCCIONES PARA COCCIÓN LENTA

1. Coloque la carne en el fondo de la olla de cocción lenta. Mezcle el consomé, la salsa inglesa y la salsa de Cayena. Vierta sobre la carne. Tape y cueza a potencia ALTA durante 5 horas* o hasta que la carne se haya cocido.

2. Mientras tanto, combine los ingredientes para la salsa en un recipiente grande.

3. Ponga la carne en una tabla para trinchar. Deseche el líquido. Pique un poco la carne. Revuelva con la salsa. Coloque la mezcla de carne en bollos grandes. Sirva con ensalada de papa, si lo desea.   *Rinde de 8 a 10 porciones*

*O cueza durante 10 horas a fuego bajo.

Consejo: Prepare salsa adicional y sirva como acompañamiento. ¡También es excelente con costillas de res y chuletas!

Tiempo de Preparación: 10 minutos
Tiempo de Cocción: 5 horas

Sándwich de Cerdo BBQ

Sencillo Stroganoff de Res

3 latas (de 300 ml cada una) de crema condensada de pollo o champiñones, sin diluir
1 taza de crema agria
½ taza de agua
2 cucharadas de cebolla en polvo
900 g de carne de res para cocido, en cubos

INTRUCCIONES PARA COCCIÓN LENTA
Mezcle la crema, la crema agria, el agua y la cebolla en la olla de cocción lenta. Agregue la carne y revuelva. Tape y cueza a potencia ALTA durante 3 horas, o BAJA durante 6 horas.

Rinde de 4 a 6 porciones

Nota: Sirva sobre arroz o pasta con ensalada verde y pan caliente. Puede reducir las calorías y la grasa si usa crema y crema agria bajas en grasa.

Sopa de Salchicha con Papas del Campamento

1 lata (450 g) de frijoles (judías), enjuagados y escurridos
1 lata (420 g) de tomates rojos picados, sin escurrir
300 ml de caldo de res condensado
225 g de salchicha de cerdo, en trozos de 1.5 cm
1 papa (patata) grande, en cubos de 1.5 cm
1 pimiento morrón verde mediano, picado
1 cebolla mediana picada
1 cucharadita de orégano seco
½ cucharadita de azúcar
1 a 2 cucharaditas de comino molido

INSTRUCCIONES PARA COCCIÓN LENTA
Mezcle todos los ingredientes, excepto el comino, en la olla de cocción lenta. Tape y cueza a temperatura BAJA durante 8 horas, o ALTA durante 4 horas. Agregue el comino y sirva.

Rinde de 6 a 7 porciones

Sencillo Stroganoff de Res

Bistec a la Pimienta

2 cucharadas de aceite vegetal
1.350 kg de sirloin, en tiras
1 cucharada abundante (de 5 a 6 dientes) de ajo molido
1 cebolla mediana picada
½ taza de salsa de soya baja en sodio
2 cucharaditas de azúcar
1 cucharadita de sal
½ cucharadita de jengibre molido
½ cucharadita de pimienta negra
3 pimientos morrones verdes, descorazonados, sin semillas y en tiras
¼ de taza de agua
1 cucharada de fécula de maíz
Arroz cocido caliente

INSTRUCCIONES PARA COCCIÓN LENTA

1. Caliente el aceite en una sartén grande a fuego medio-bajo. Dore la carne por ambos lados; espolvoree con ajo.

2. Transfiera la carne con su jugo a la olla de cocción lenta. Agregue la cebolla, la salsa de soya, el azúcar, la sal, el jengibre y la pimienta; revuelva. Tape y cueza a potencia BAJA de 6 a 8 horas o hasta que la carne esté cocida (hasta por 10 horas).

3. Durante la última hora, añada el pimiento. Justo antes de servir, mezcle el agua y la fécula de maíz; incorpore a la olla. Cueza a potencia ALTA hasta que la salsa se espese. Sirva sobre arroz caliente.

Rinde de 6 a 8 porciones

Bistec a la Pimienta

Ragoût de Cerdo y Tomate

900 g de carne de cerdo para cocido, en trozos de 2.5 cm
¼ de taza de harina de trigo
3 cucharadas de aceite de oliva
1¼ tazas de vino blanco
900 g de papas (patatas) rojas, en trozos de 1.5 cm
1 lata (420 g) de tomates rojos picados, sin escurrir
1 taza de cebolla finamente picada
1 taza de agua
½ taza de apio finamente picado
2 dientes de ajo picados
½ cucharadita de pimienta negra
1 raja de canela
3 cucharadas de perejil fresco picado

INSTRUCCIONES PARA COCCIÓN LENTA

1. Cubra la carne con la harina. Caliente el aceite en una sartén grande. Ponga la carne a la sartén y dórela. Coloque la carne en la olla de cocción lenta.

2. Vierta el vino en la sartén y ponga a hervir; raspe los residuos de carne. Ponga en la olla.

3. Incorpore todos los ingredientes, excepto el perejil. Tape y cueza a potencia BAJA de 6 a 8 horas o hasta que la carne y las papas estén suaves. Retire y deseche la raja de canela. Espolvoree con perejil justo antes de servir.

Rinde 6 porciones

Ayuda

Los cortes de carne no muy caros funcionan muy bien en las recetas para olla de cocción lenta. Los cortes de excelente calidad, como el filete mignon o las chuletas sin grasa, tienden a deshacerse durante largos periodos de cocción.

Ragoût de Cerdo y Tomate

Sopa de Jamón con Verduras

2 latas (de 300 ml cada una) de crema de apio
2 tazas de jamón cocido picado
1 bolsa (285 g) de maíz congelado
1 papa (patata) grande, en trozos de 1.5 cm
1 pimiento morrón rojo mediano, picado
½ cucharadita de tomillo seco
2 tazas de floretes chicos de brócoli
½ taza de leche

INSTRUCCIONES PARA COCCIÓN LENTA

1. Mezcle todos los ingredientes, excepto el brócoli y la leche, en la olla de cocción lenta. Tape y cueza a potencia BAJA de 6 a 8 horas, o ALTA de 3 a 4 horas.

2. Si coció a potencia BAJA, suba a ALTA y agregue el brócoli y la leche. Tape y cueza durante 15 minutos o hasta que el brócoli esté listo.   *Rinde 6 porciones*

90

Chili 1-2-3-4

900 g de carne molida de res, dorada y sin grasa
4 latas (de 225 ml cada una) de salsa de tomate
3 latas (de 450 g cada una) de frijoles (judías) con chile

INSTRUCCIONES PARA COCCIÓN LENTA

Combine todos los ingredientes en la olla de cocción lenta. Cueza a potencia BAJA de 6 a 8 horas. Adorne con queso y rebanadas de cebollín, si lo desea.   *Rinde 8 porciones*

Sopa de Jamón con Verduras

Cordero en Salsa de Eneldo

      2 papas (patatas) rojas grandes, peladas y en cubos de 2.5 cm
      ½ taza de cebolla picada
    1½ cucharaditas de sal
      ½ cucharadita de pimienta negra
      ½ cucharadita de eneldo seco o 4 ramitas de eneldo fresco
      1 hoja de laurel
  900 g de carne de cordero para cocido (en cubos de 2.5 cm)
      1 taza más 3 cucharadas de agua
      2 cucharadas de harina de trigo
      1 cucharadita de azúcar
      2 cucharadas de jugo de limón
         Eneldo fresco (opcional)

INSTRUCCIONES PARA COCCIÓN LENTA

Coloque los ingredientes, en capas, en la olla de cocción lenta: papas, cebolla, sal, pimienta, eneldo, hoja de laurel, el cordero y 1 taza de agua. Tape y cueza a potencia BAJA de 6 a 8 horas.

Retire la carne y las papas con una cuchara ranurada. Tape y mantenga caliente. Retire y deseche la hoja de laurel. Suba la potencia a ALTA. En un recipiente pequeño, revuelva el agua restante y la harina hasta que se incorporen. Añada la mitad del jugo de la olla y el azúcar. Mezcle bien y vierta en la olla. Tape y cueza por 15 minutos. Agregue el jugo de limón. Regrese la carne y las papas a la olla. Tape y cueza durante 10 minutos o hasta que se hayan cocido. Adorne con eneldo fresco, si lo desea.   *Rinde 6 porciones*

Cuando cueza verduras en la olla de cocción lenta, deberán ser de tamaño y forma uniforme para una cocción pareja. Siempre corte las verduras conforme se indica en la receta.

92

Frijoles con Arroz y Jamón

1 paquete (450 g) de frijoles (judías) rojos sin cocer
450 g de salchicha de res, rebanada
1 rebanada de jamón, en cubos (unos 225 g)
1 cebolla pequeña picada
2½ a 3 tazas de agua
Pimienta roja molida al gusto
1 cucharadita de adobo con pimienta
Arroz cocido caliente

INSTRUCCIONES PARA COCCIÓN LENTA

1. Remoje los frijoles en agua durante toda la noche. Enjuague y escurra.

2. Coloque los frijoles en la olla de cocción lenta. Agregue la salchicha, el jamón, la cebolla y el agua (3 tazas para potencia ALTA; 2½ tazas para BAJA). Sazone con pimienta y adobo.

3. Tape y cueza a potencia ALTA de 3 a 4 horas, o BAJA de 7 a 8 horas; revuelva cada 2 horas si es necesario. Sirva sobre arroz.

Rinde 6 porciones

Fajitas de Res con Pimiento

675 g de espaldilla de res, en 6 trozos
1 taza de cebolla picada
2 pimientos morrones verdes, en tiras de 1.5 cm de ancho
1 chile jalapeño* picado
2 cucharadas de cilantro fresco picado
2 dientes de ajo picados
1 cucharadita de chile en polvo
1 cucharadita de comino molido
½ cucharadita de sal
¼ de cucharadita de pimienta roja molida
1 lata (225 g) de tomates rojos picados, escurridos
12 tortillas de harina (de 20 cm)
Aderezos, como crema agria, queso cheddar rallado, salsa
Aguacate rebanado (opcional)

*Los chiles jalapeños pueden irritar la piel; utilice guantes de hule cuando los maneje y no se toque los ojos. Lávese las manos después de trabajar con ellos.

INSTRUCCIONES PARA COCCIÓN LENTA
Mezcle la carne, la cebolla, los pimientos, el jalapeño, el cilantro, el ajo, el chile en polvo, el comino, la sal y la pimienta en la olla de cocción lenta. Agregue los tomates. Tape y cueza a potencia BAJA de 8 a 10 horas.

Retire la carne de la olla de cocción lenta y deshébrela. Regrese la carne a la olla. Para servir, coloque la mezcla de carne en las tortillas. Corone con los aderezos sugeridos y enrolle. Sirva con rebanadas de aguacate, si lo desea. *Rinde 12 porciones*

Submarinos Italianos

    1 cucharada de aceite vegetal
450 g de fajitas de res
450 g de salchicha de cerdo italiana
    1 cebolla mediana finamente rebanada
    1 lata (120 g) de champiñones rebanados (opcional)
    1 pimiento morrón verde, descorazonado, sin semillas y en tiras
    Sal
    Pimienta negra
    1 frasco (750 g) de salsa para espagueti
    2 hogazas de pan italiano, en rebanadas de 2.5 cm de ancho

INSTRUCCIONES PARA COCCIÓN LENTA
1. Caliente el aceite en una sartén grande a fuego medio-alto. Dore las fajitas. Coloque la carne en la olla de cocción lenta. Escurra el exceso de grasa de la sartén.

2. En la misma sartén, dore la salchicha hasta que pierda su color rosado. Escurra el exceso de grasa. Agregue la salchicha a la olla.

3. Coloque la cebolla, los champiñones y el pimiento sobre la carne. Sazone con sal y pimienta al gusto; vierta encima la salsa para espagueti. Tape y cueza a potencia BAJA de 4 a 6 horas. Sirva como sándwich o sobre rebanadas de pan. *Rinde 6 porciones*

Sugerencia para Servir: Corone con queso parmesano fresco rallado

Cocido de Res con Melaza y Pasas

⅓ de taza de harina de trigo
2 cucharaditas de sal
1½ cucharaditas de pimienta negra
900 g de lomo de res, sin hueso, en cubos de 4 cm
5 cucharadas de aceite de canola
2 cebollas medianas rebanadas
1 lata (840 g) de tomates rojos picados, escurridos
1 taza de caldo de res
3 cucharadas de melaza
2 cucharadas de vinagre de manzana
4 dientes de ajo picados
2 cucharaditas de tomillo seco
1 cucharadita de sal de apio
1 hoja de laurel
225 g de zanahorias baby, en mitades a lo largo
2 chirivías picadas
½ taza de uvas pasa doradas
Sal y pimienta negra al gusto

INSTRUCCIONES PARA COCCIÓN LENTA

1. Combine la harina, 1½ cucharaditas de sal y 1 cucharadita de pimienta en un recipiente grande. Cubra la carne con la mezcla de harina. Caliente 2 cucharadas de aceite en una sartén grande a fuego medio-alto. Agregue la mitad de la carne y dórela por todos lados; retírela. Repita con 2 cucharadas de aceite y el resto de la carne.

2. Añada el aceite restante a la sartén. Incorpore la cebolla y fría, revolviendo para desprender los residuos de carne, durante unos 5 minutos. Agregue los tomates, el caldo, la melaza, el vinagre, el ajo, el tomillo, la sal de apio, la hoja de laurel, la sal restante y ½ cucharadita de pimienta. Ponga a hervir. Añada la carne y hierva durante 1 minuto.

3. Transfiera la mezcla a la olla de cocción lenta. Tape y cueza a potencia BAJA durante 5 horas, o ALTA durante 2½ horas. Incorpore las zanahorias, las chirivías y las uvas pasa. Cueza de 1 a 2 horas más o hasta que las verduras se hayan cocido. Retire y deseche la hoja de laurel. Sazone con sal y pimienta.

Rinde de 6 a 8 porciones

96

Cocido de Res con Melaza y Pasas

Gumbo de Salchicha Ahumada

1 taza de consomé de pollo
1 lata (420 g) de tomates rojos picados, sin escurrir
¼ de taza de harina de trigo
2 cucharadas de aceite de oliva
340 g de salchicha ahumada de cerdo, en trozos de 1.5 cm
1 cebolla mediana picada
1 pimiento morrón verde picado
2 tallos de apio picados
1 zanahoria pelada y picada
2 cucharaditas de orégano seco
2 cucharaditas de tomillo seco
⅛ de cucharadita de pimienta roja molida
1 taza de arroz blanco sin cocer

INSTRUCCIONES PARA COCCIÓN LENTA

Combine el consomé y los tomates en la olla de cocción lenta. Espolvoree la harina de manera uniforme en una sartén pequeña. Cueza a fuego alto, sin revolver, de 3 a 4 minutos o hasta que la harina empiece a dorarse. Reduzca el fuego a medio y revuelva la harina por unos 4 minutos. Agregue el aceite y revuelva hasta que se uniforme. Con cuidado, vierta la mezcla de harina a la olla de cocción lenta.

Agregue la salchicha, la cebolla, el pimiento, el apio, la zanahoria, el orégano, el tomillo y la pimienta a la olla. Revuelva bien. Tape y cueza a potencia BAJA de 4½ a 5 horas o hasta que los jugos se espesen.

Unos 30 minutos antes de que vaya a servir el guisado, prepare el arroz. Cuézalo de acuerdo con las instrucciones de la envoltura. Sirva el gumbo sobre el arroz. Espolvoree con perejil picado, si lo desea.

Rinde 4 porciones

Nota: Si el gumbo se espesa al reposar, agregue consomé adicional.

Gumbo de Salchicha Ahumada

Sencillos Sándwiches de Res

1 a 2 kg de pierna de res
1 paquete (30 g) de aderezo italiano en polvo para ensalada
2 cucharadas de hojuelas de cebolla
2 cubos de caldo de res instantáneo
2 cucharadas de mostaza
  Ajo en polvo
  Cebolla en polvo
  Sal
  Pimienta negra
1 a 1½ tazas de agua

INSTRUCCIONES PARA COCCIÓN LENTA
Coloque la carne, el aderezo, la cebolla, los cubos de caldo instantáneo y la mostaza en la olla de cocción lenta. Sazone al gusto con ajo en polvo, cebolla en polvo, sal y pimienta. Agregue suficiente agua para cubrir la carne. Tape y cueza a potencia BAJA de 8 a 10 horas.

Rinde de 6 a 8 porciones

100

Sugerencia para Servir: Rebane la carne y sirva con queso provolone, mozzarella o suizo, sobre bollos.

Para adaptar sus propias recetas, reduzca el líquido más o menos a la mitad y agregue productos lácteos al final del tiempo de cocción. Verifique en recetas similares para encontrar el tiempo de cocción aproximado. Pruebe el platillo cerca del final del periodo de cocción y, si es necesario, ajuste los condimentos.

Sencillo Sándwich de Res

Clásicos Rollos de Col

6 tazas de agua
12 hojas de col
450 g de carne molida de cordero
½ taza de arroz cocido
1 cucharadita de sal
¼ de cucharadita de orégano seco
¼ de cucharadita de nuez moscada molida
¼ de cucharadita de pimienta negra
1½ tazas de salsa de tomate

INSTRUCCIONES PARA COCCIÓN LENTA

Ponga a hervir el agua en una olla grande. Apague el fuego. Remoje las hojas de col en el agua durante 5 minutos. Retire, escurra y deje enfriar.

Combine la carne, el arroz, la sal, el orégano, la nuez moscada y la pimienta en un recipiente grande. Coloque 2 cucharadas de la mezcla en el centro de cada hoja de col y enrolle firmemente. Acomode los rollos en la olla de cocción lenta, con la abertura hacia abajo. Vierta la salsa sobre los rollos. Tape y cueza a potencia BAJA de 8 a 10 horas.   *Rinde 6 porciones*

Ayuda

Para mejores resultados al hacer los rollos, busque una col con hojas grandes y oscuras no muy apretadas. En esta receta, es posible que necesite dos coles para obtener suficientes hojas.

Sopa Hamburguesa

450 g de carne molida de res
2 cucharadas de hojuelas de cebolla
1 paquete (30 g) de aderezo italiano en polvo para ensaladas
¼ de cucharadita de sal sazonada
¼ de cucharadita de pimienta negra
3 tazas de agua hirviente
1 lata (225 g) de tomates rojos picados, sin escurrir
1 lata (225 g) de salsa de tomate
1 cucharada de salsa de soya
1 taza de apio rebanado
1 taza de zanahorias finamente rebanadas
2 tazas de macarrones cocidos
¼ de taza de queso parmesano rallado
2 cucharadas de perejil fresco picado

INSTRUCCIONES PARA COCCIÓN LENTA

104

1. Dore la carne en una sartén mediana a fuego medio-alto; escúrrala. Póngala en la olla de cocción lenta. Añada la cebolla, el sazonador, la sal y la pimienta. Incorpore el agua, los tomates con su jugo, la salsa de tomate y la salsa de soya. Agregue el apio y las zanahorias. Tape y cueza a potencia BAJA de 6 a 8 horas.

2. Aumente la potencia a ALTA; añada la pasta cocida y el queso parmesano. Tape y cueza de 10 a 15 minutos hasta que se haya calentado bien. Espolvoree con perejil justo antes de servir.

Rinde de 6 a 8 porciones

Ayuda

Dorar la carne antes de colocarla en la olla de cocción lenta, le da a la carne un color más atractivo y un mejor sabor. Asegúrese de escurrir siempre el exceso de grasa, para reducir la cantidad de grasa de la receta terminada.

Sopa Hamburguesa

Arroz con Salchicha Fiesta

1 cucharadita de aceite vegetal
900 g de salchicha italiana condimentada
2 dientes de ajo picados
2 cucharaditas de comino molido
4 cebollas picadas
4 pimientos morrones verdes picados
3 chiles jalapeños,* sin semillas y picados
4 tazas de caldo de res
2 paquetes (de 200 g cada uno) de mezcla de arroz de grano largo y salvaje

*Los chiles jalapeños pueden irritar la piel; utilice guantes de hule cuando los maneje y no se talle los ojos. Lávese las manos después de trabajar con ellos.

INSTRUCCIONES PARA COCCIÓN LENTA

Caliente el aceite en una sartén grande a fuego medio-alto. Fría la salchicha hasta que pierda su color rosado; revuelva para separar la carne. Agregue el ajo y el comino; cueza durante 30 segundos. Añada la cebolla, los pimientos y los jalapeños. Fría hasta que la cebolla tenga una consistencia suave, por unos 10 minutos. Coloque la mezcla en la olla de cocción lenta. Incorpore el caldo y el arroz.

Tape y cueza a potencia ALTA de 1 a 2 horas, o BAJA de 4 a 6 horas.

Rinde de 10 a 12 porciones

106

Ayuda

Para que el platillo resulte menos picante, reduzca el número de jalapeños y asegúrese de quitar las venas y las semillas.

Arroz con Salchicha Fiesta

Sopa de Salchicha, Habichuelas y Col

2 cucharadas de mantequilla
1 cebolla grande picada
360 g de salchicha ahumada, en rebanadas de 1.5 cm
8 tazas de consomé de pollo
3 cucharadas de pasta de tomate
½ col de Savoya (col lechuga) rallada
1 hoja de laurel
4 tomates rojos medianos picados
2 latas (de 420 g cada una) de habichuelas, escurridas
Sal y pimienta negra al gusto

INSTRUCCIONES PARA COCCIÓN LENTA

1. Derrita 1 cucharada de mantequilla en una sartén grande a fuego medio. Agregue la cebolla; fríala de 3 a 4 minutos o hasta que se dore. Colóquela en la olla de cocción lenta.

2. Derrita la mantequilla restante en la misma sartén. Dore la salchicha por ambos lados. Añada a la olla.

3. Coloque el consomé de pollo, la pasta de tomate, la col y la hoja de laurel en la olla; revuelva para mezclar. Tape y cueza a potencia BAJA durante 4 horas, o ALTA durante 2 horas.

4. Incorpore los tomates y las habichuelas. Sazone con sal y pimienta. Tape y cueza durante 1 hora o hasta que esté bien caliente. Retire y deseche la hoja de laurel.   *Rinde 6 porciones*

108

Ayuda

La col de Savoya, o col lechuga, es una col grande y redonda con hojas arrugadas de color verde oscuro. En caso de no encontrar una col de Savoya, puede sustituirla por col común.

Res con Pasta a la Crema

> **1 cucharada de aceite vegetal**
> **900 g de carne de res para cocido, en trozos de 2.5 cm**
> **1 frasco (120 g) de champiñones rebanados, escurridos**
> **¼ de taza de cebolla finamente picada**
> **3 dientes de ajo picados**
> **1 cucharadita de sal**
> **1 cucharadita de pimienta negra**
> **⅛ de cucharadita de tomillo seco**
> **1 hoja de laurel**
> **400 ml de caldo de res**
> **⅓ de taza de jerez**
> **1 lata (225 g) de crema agria**
> **½ taza de harina de trigo**
> **¼ de taza de agua**
> **4 tazas de pasta cocida caliente**

INSTRUCCIONES PARA COCCIÓN LENTA

Caliente el aceite en una sartén grande a fuego medio-alto. Agregue la carne; fríala hasta que se dore; revuelva para separarla. Escurra la grasa.

Coloque la carne, los champiñones, la cebolla, el ajo, la sal, la pimienta, el tomillo y la hoja de laurel en la olla de cocción lenta. Vierta el caldo y el jerez. Tape y cueza a potencia BAJA de 8 a 10 horas. Retire y deseche la hoja de laurel.

Aumente la potencia a ALTA. Combine la crema, la harina y el agua en un recipiente pequeño. Agregue más o menos 1 taza del líquido caliente a la mezcla de crema agria; revuelva. Vierta la mezcla en la olla. Tape y cueza a potencia ALTA durante 30 minutos o hasta que se espese y burbujee. Sirva sobre la pasta. *Rinde de 6 a 8 porciones*

109

Ayuda

Algunos condimentos, como las hierbas finas y la pimienta negra, tienden a perder su sabor durante periodos largos de cocción en la olla de cocción lenta. Pruebe el platillo antes de servir y, si es necesario, agregue más condimentos.

Salsa de Verduras para Pasta

2 latas (de 420 g cada una) de tomates rojos picados, sin escurrir
1 lata (420 g) de tomates enteros, sin escurrir
1½ tazas de champiñones rebanados
1 pimiento morrón rojo mediano, picado
1 pimiento morrón verde mediano, picado
1 calabacita pequeña, en rebanadas de 0.5 cm
1 calabaza amarilla, en rebanadas de 0.5 cm
1 lata (180 g) de pasta de tomate
4 cebollines rebanados
2 cucharadas de sazonador italiano seco
1 cucharada de perejil fresco picado
3 dientes de ajo picados
1 cucharadita de sal
1 cucharadita de hojuelas de chile rojo (opcional)
1 cucharadita de pimienta negra
Pasta cocida
Queso parmesano y albahaca fresca para adornar (opcional)

INSTRUCCIONES PARA COCCIÓN LENTA
Mezcle todos los ingredientes, excepto la pasta y los adornos, en la olla de cocción lenta; revuelva bien. Tape y cueza a potencia BAJA de 6 a 8 horas. Sirva sobre la pasta cocida. Adorne con queso parmesano y albahaca fresca, si lo desea. *Rinde de 4 a 6 porciones*

110

Salsa de Verduras para Pasta

Guisado de Atún de Mamá

2 latas (de 360 g) de atún, escurrido y desmenuzado
3 tazas de apio picado
3 tazas de papas fritas, trozadas
6 huevos cocidos (duros) picados
1 lata (300 ml) de crema condensada de champiñones, sin diluir
1 lata (300 ml) de crema condensada de apio, sin diluir
1 taza de mayonesa
1 cucharadita de estragón seco
1 cucharadita de pimienta negra

INSTRUCCIONES PARA COCCIÓN LENTA
Mezcle el atún, el apio, 2½ tazas de papas fritas, los huevos, las cremas, la mayonesa, el estragón y la pimienta en la olla de cocción lenta; revuelva bien. Incorpore las papas fritas restantes. Tape y cueza a potencia BAJA de 5 a 8 horas.   *Rinde 8 porciones*

Para cocer los huevos, colóquelos en una capa en una olla; cúbralos con agua fría. Cuando comience a hervir, retire la olla del fuego; tape la olla y deje reposar durante 15 minutos. Escurra el agua y cubra los huevos con agua fría; renueve el agua conforme sea necesario hasta que los huevos estén fríos.

Guisado de Atún de Mamá

Jambalaya de Camarón

1 lata (840 g) de tomates rojos picados, sin escurrir
1 cebolla mediana picada
1 pimiento morrón rojo picado
1 tallo de apio picado (más o menos ½ taza)
2 cucharadas de ajo finamente picado
2 cucharaditas de perejil seco
2 cucharaditas de orégano seco
1 cucharadita de salsa picante roja
½ cucharadita de tomillo
900 g de camarón grande pelado, desvenado y cocido
2 tazas de arroz instantáneo sin cocer
2 tazas de consomé de pollo con poca sal

INSTRUCCIONES PARA COCCIÓN LENTA
Mezcle los tomates con su jugo, la cebolla, el pimiento, el apio, el ajo, el perejil, el orégano, la salsa picante y el tomillo en la olla de cocción lenta. Tape y cueza a potencia BAJA durante 8 horas, o ALTA durante 4 horas. Agregue el camarón y revuelva. Tape y cueza a potencia BAJA durante 20 minutos.

Mientras tanto, prepare el arroz de acuerdo con las instrucciones de la envoltura; sustituya el agua por el consomé. Sirva el jambalaya sobre el arroz cocido caliente. *Rinde 6 porciones*

Para desvenar el camarón, haga un pequeño corte sobre la curva exterior del camarón con un cuchillo afilado y retire la vena oscura. Esta tarea se facilita si la hace bajo el chorro de agua fría.

114

Chili Sureño

1 lata (450 g) de salsa de tomate
2 pimientos morrones verdes medianos, sin semillas y picados
1 lata (435 g) de garbanzos, enjuagados y escurridos
1 lata (435 g) de frijoles (judías) rojos, enjuagados y escurridos
1 lata (435 g) de frijoles (judías) negros, enjuagados y escurridos
1 lata (420 g) de tomates rojos estilo mexicano, sin escurrir
1½ tazas de maíz congelado
1 taza de consomé de pollo
3 cucharadas de chile en polvo
4 dientes de ajo finamente picados
1 cucharada de cocoa en polvo sin endulzar
1 cucharadita de comino molido
½ cucharadita de sal
Arroz cocido caliente

ADORNOS
Queso rallado, aceitunas rebanadas y rebanadas de aguacate y cebollín (opcional)

115

INSTRUCCIONES PARA COCCIÓN LENTA
Mezcle todos los ingredientes, excepto el arroz y los adornos, en la olla de cocción lenta. Tape y cueza a potencia BAJA de 6 a 6½ horas o hasta que las verduras estén suaves.

Sirva el arroz en platones; corone con el chili. Sirva con los adornos, si lo desea.

Rinde de 8 a 10 porciones

Al agregar un poco de cocoa en polvo al Chili Sureño, el platillo adquiere un sabor más rico sin ser dulce. Puede usarse chocolate mexicano rallado, que contiene un poco de canela.

Camarón Caribeño con Arroz

1 paquete (360 g) de camarones, descongelados
½ taza de consomé de pollo
1 diente de ajo finamente picado
1 cucharadita de chile en polvo
½ cucharadita de sal
½ cucharadita de orégano seco
1 taza de chícharos (guisantes), descongelados
½ taza de tomates rojos picados
2 tazas de arroz cocido

INSTRUCCIONES PARA COCCIÓN LENTA
Combine el camarón, el consomé, el ajo, el chile en polvo, la sal y el orégano en la olla de cocción lenta. Tape y cueza a potencia BAJA por 2 horas. Agregue los chícharos y los tomates. Tape y cueza a potencia BAJA durante 5 minutos. Añada el arroz. Tape y cueza a potencia BAJA por 5 minutos más.

Rinde 4 porciones

116

Sopa de Cebada con Champiñones

9 tazas de consomé de pollo
450 g de champiñones frescos rebanados
1 cebolla grande picada
2 zanahorias picadas
2 tallos de apio picados
½ taza de cebada perla
15 g de champiñones porcini secos
3 dientes de ajo picados
1 cucharadita de sal
½ cucharadita de tomillo seco
½ cucharadita de pimienta negra

INSTRUCCIONES PARA COCCIÓN LENTA
Mezcle todos los ingredientes en la olla de cocción lenta. Tape y cueza a potencia BAJA de 4 a 6 horas o hasta que la cebada esté suave.

Rinde de 8 a 10 porciones

Camarón Caribeño con Arroz

Guisado de Enchilada de Pollo

1 bolsa (450 g) de verduras mixtas congeladas (brócoli, maíz y pimientos rojos)
1 paquete (40 g) de sazonador para taco
1 lata (450 g) de tomates rojos picados, sin escurrir
3 tazas de pollo cocido deshebrado
1 taza de queso para fundir rallado
225 g de totopos

- En una sartén grande, combine las verduras, el sazonador, los tomates y el pollo. Ponga a hervir a fuego medio-alto.

- Tape y cueza durante 4 minutos o hasta que las verduras estén cocidas y la mezcla se caliente.

- Espolvoree con queso; tape y cueza por 2 minutos más o hasta que el queso se haya derretido.

- Sirva con totopos.

Rinde 4 porciones

Buena Idea: Puede ser un rápido lunch para los niños. Corte 4 salchichas cocidas y revuélvalas con sopa seca con queso cheddar.

Tiempo de Preparación: 5 minutos
Tiempo de Cocción: 10 minutos

Tome una sartén,

agregue unos

cuantos ingredientes

y en un santiamén

tendrá una deliciosa

comida que de

seguro le encantará a

la familia entera, ¡y

limpiar es

sencillísimo!

Guisado de Enchilada de Pollo

Pavo al Curry con Couscous

1 cucharada de aceite vegetal o de oliva
1 cebolla pequeña picada
2 dientes de ajo finamente picados
300 ml de consomé de pollo condensado
⅓ de taza de agua
2 cucharaditas de curry en polvo
¼ de cucharadita de pimienta roja molida
2 tazas de floretes de brócoli
1 taza de zanahorias finamente rebanadas
2 paquetes (120 g cada uno) de pechuga de pavo asada, en tiras de 1.5 cm
1 taza de couscous sin cocer
Cilantro fresco picado, para adornar

Caliente el aceite en una sartén antiadherente grande y profunda a fuego medio. Agregue la cebolla y el ajo. Cueza durante 5 minutos o hasta que la cebolla esté suave. Añada el consomé, el agua, el curry en polvo y la pimienta; ponga a hervir. Incorpore el brócoli y las zanahorias. Tape y cueza por 5 minutos o hasta que las verduras estén cocidas.

Agregue el pavo a la mezcla de consomé y cueza hasta que se caliente. Añada el couscous y revuelva. Tape y retire del fuego. Deje reposar durante 5 minutos o hasta que el líquido se haya absorbido. Adorne con cilantro, si lo desea.

Rinde 4 porciones

El couscous es trigo durum semimolido. Es ampliamente utilizado en la cocina de África del Norte. La mayor parte del couscous que se encuentra está precocido, lo que significa que necesita poco tiempo de cocción.

Pavo al Curry con Couscous

Pollo al Limón-Ajo con Arroz

2 mitades de pechuga de pollo, deshuesadas y sin piel
1 cucharadita de pimentón
   Sal y pimienta (opcional)
2 cucharadas de margarina o mantequilla
2 dientes de ajo finamente picados
1 paquete (210 g) de arroz sabor pollo
1 cucharada de jugo de limón
1 taza de pimiento morrón verde o rojo picado
½ cucharadita de ralladura de cáscara de limón

1. Espolvoree el pollo con pimentón, sal y pimienta.

2. En una sartén grande, derrita la margarina a fuego medio-alto. Agregue el pollo y el ajo. Cueza durante 2 minutos de cada lado o hasta que haya dorado. Retire de la sartén y guarde la grasa. Mantenga caliente.

3. En la misma sartén, saltee el arroz con la grasa de la sartén a fuego medio, hasta que el arroz se haya dorado. Añada 2¼ tazas de agua, el jugo de limón y los sazonadores del arroz. Incorpore el pollo y ponga a hervir a fuego alto.

4. Tape y reduzca el fuego. Cueza por 10 minutos. Agregue la pimienta y la ralladura.

5. Tape; continúe cociendo por 10 minutos o hasta que el líquido se haya absorbido, el arroz esté tierno y el pollo pierda su color rosado en el centro.   *Rinde 4 porciones*

122

Pollo al Limón-Ajo con Arroz

"Risotto" de Pollo a la Jardinera

2 mitades de pechuga de pollo, deshuesadas y sin piel
2 cucharadas de aceite vegetal
1 cebolla grande finamente picada
1 cucharada de ajo de frasco, finamente picado (o 2 dientes grandes de ajo, pelados y picados)
1¾ tazas (360 g) de pasta orzo sin cocer
2 tazas de floretes de brócoli, en trozos pequeños, o 1 paquete (300 g) de brócoli descongelado
840 ml de consomé de pollo con poca sal
2 mazorcas de maíz frescas desgranadas o 1 paquete (300 g) de maíz descongelado
¼ de cucharadita de sal
¼ de cucharadita de pimienta negra recién molida
¾ de taza de queso parmesano rallado

1. Enjuague el pollo. Seque y corte en trozos de 2.5 cm

2. Caliente el aceite en una sartén de 30 cm a fuego medio-alto. Agregue la cebolla y el ajo. Fría por 2 minutos. Añada el orzo, el brócoli y el consomé. Reduzca el fuego a medio. Tape la sartén y cueza durante 6 minutos; revuelva frecuentemente. Incorpore el pollo y cueza por 6 minutos. Agregue el maíz, la sal y la pimienta. Cueza durante 5 minutos.

3. Retire la sartén del fuego y añada el queso; revuelva con cuidado. Sirva caliente.

Rinde de 4 a 6 porciones

Nota: Se puede utilizar cualquier combinación de verduras, como chícharos (guisantes) congelados, zanahorias rebanadas, champiñones rebanados, calabacitas rebanadas o calabacitas amarillas.

Tiempo de Preparación: 20 minutos
Tiempo Total: 35 minutos

Rápido Jambalaya de Pollo

8 muslos de pollo, deshuesados y sin piel, en trozos pequeños
¼ de cucharadita de sal de ajo
1 cucharada de aceite vegetal
2½ tazas de jugo de 8 verduras
1 bolsa (450 g) de pimientos congelados
½ taza de jamón cocido picado
1 cucharadita de salsa picante
1¾ tazas de arroz instantáneo, sin cocer

Espolvoree la sal de ajo sobre el pollo. En una sartén antiadherente grande, vierta el aceite y caliente a fuego medio-alto. Agregue el pollo y fría durante 8 minutos o hasta que el pollo se dore un poco. Añada el jugo de verduras, los pimientos, el jamón y la salsa picante. Ponga a hervir; tape y cueza a fuego medio por 4 minutos. Incorpore el arroz y deje hervir. Tape y retire la olla del fuego; deje reposar durante 5 minutos o hasta que el arroz y las verduras estén suaves y el líquido se haya absorbido. *Rinde 4 porciones*

125

Arroz con Pollo Estilo Italiano

1 cucharada de aceite vegetal
4 pechugas de pollo, deshuesadas y sin piel (unos 450 g)
2 tazas de consomé de pollo con poca sal
1 caja (unos 180 g) de arroz sabor pollo
½ taza de pimiento morrón rojo picado
½ taza de chícharos (guisantes) descongelados
¼ de taza de queso romano rallado

1. Caliente el aceite en una sartén grande. Agregue el pollo y fría a fuego medio-alto de 10 a 15 minutos o hasta que se dore un poco por ambos lados.

2. Añada el consomé, la mezcla de arroz, el pimiento y los chícharos; revuelva. Ponga a hervir. Tape, reduzca el fuego y cueza durante 10 minutos o hasta que el pollo pierda su color rosado en el centro. Retire del fuego. Espolvoree con queso; tape y deje reposar por 5 minutos o hasta que el líquido se haya absorbido. *Rinde 4 porciones*

Muslos Criollos de Pollo con Arroz

2 cucharadas de aceite vegetal
1.100 kg de muslos de pollo
½ cucharadita de pimentón
½ cucharadita de tomillo seco
½ cucharadita de sal
¼ de cucharadita de pimienta negra
½ taza de apio picado
½ taza de pimiento morrón verde picado
½ taza de cebolla picada
2 dientes de ajo finamente picados
1 taza de arroz de grano largo
1 lata (420 g) de tomates rojos picados, sin escurrir
1 taza de agua
Salsa picante al gusto

Caliente el aceite en una sartén grande o en una olla a fuego medio. Espolvoree el pollo con pimentón, tomillo, sal y pimienta. Fría el pollo de 5 a 6 minutos de cada lado o hasta que haya dorado. Retire de la sartén.

Agregue el apio, el pimiento, la cebolla y el ajo a la misma sartén; fría por 2 minutos. Añada el arroz y fría durante 2 minutos; revuelva para cubrir el arroz con el aceite. Incorpore los tomates con su jugo y el agua. Sazone con la salsa picante; ponga a hervir.

Acomode el pollo sobre la mezcla de arroz; reduzca el fuego. Tape y cueza por 20 minutos o hasta que el pollo pierda su color rosado y el líquido se haya absorbido.   *Rinde 4 porciones*

Muslos Criollos de Pollo con Arroz

Guisado de Pollo con Champiñones

4 pechugas de pollo, deshuesadas y sin piel, congeladas
2 cajas de arroz de grano largo y salvaje
3¾ tazas de agua
½ taza de pimiento morrón verde picado
½ taza de pimiento morrón rojo picado
1 taza de champiñones rebanados
4 rebanadas de queso suizo

COCINAR: LIMPIEZA: Lávese las manos. Retire la capa protectora del pollo congelado bajo el chorro de agua fría de 1 a 2 minutos. Rocíe una sartén grande con aceite en aerosol. Agregue el pollo y fría a fuego medio-alto, de 5 a 7 minutos o hasta que haya dorado. Añada el agua, el arroz y el sazonador del arroz. Ponga a hervir; tape y reduzca el fuego. Cueza durante 20 minutos. Agregue los pimientos y los champiñones sobre el pollo. Tape y cueza de 5 a 8 minutos o hasta que los jugos del pollo estén claros. (O inserte un termómetro para carne en la parte más gruesa del pollo; debe registrar una temperatura de 76 °C.) Coloque el queso sobre el pollo y retire del fuego. Tape y deje reposar por 5 minutos o hasta que el queso se haya derretido.

128

SERVIR: Sirva el pollo mientras está caliente, con bollos y verduras mixtas, si lo desea.

ENFRIAR: Refrigere el sobrante.

Rinde 4 porciones

Tiempo de Preparación: ninguno
Tiempo de Cocción: 40 minutos

Guisado de Pollo con Champiñones

Pollo Cocido Toscano

2 cucharadas de aceite de oliva o vegetal
450 g de pechugas de pollo, deshuesadas y sin piel, en cuadros de 2.5 cm
2 dientes de ajo finamente picados
4 papas (patatas) medianas, en cubos de 1.5 cm (unas 4 tazas)
1 pimiento morrón rojo mediano, en trozos grandes
1 frasco (de 780 a 840 ml) de salsa tradicional para espagueti
450 g de ejotes (judías verdes) frescos o congelados
1 cucharadita de albahaca seca machacada
Sal y pimienta negra molida al gusto

En una sartén de 30 cm, caliente el aceite a fuego medio-alto y fría el pollo con el ajo hasta que el pollo pierda su color rosado. Retire el pollo y deje reposar.

Agregue las papas y el pimiento a la misma sartén. Cueza a fuego medio, revolviendo ocasionalmente, durante 5 minutos. Añada el resto de los ingredientes. Ponga a hervir a fuego alto. Reduzca el fuego a bajo; tape y cueza durante 35 minutos o hasta que las papas se hayan cocido; revuelva ocasionalmente. Regrese el pollo a la sartén y caliente por completo.

Rinde 6 porciones

130

Pollo Cocido Toscano

Rápido Pollo para la Cena

1 bolsa (450 g) de pasta con verduras y queso cheddar
¼ de taza de agua
1 lata (195 g) de pollo, escurrido
¼ de taza de aceitunas sin hueso, rebanadas
1 taza (225 g) de yogur natural
2 cucharadas de perejil fresco picado

- Coloque la pasta en una sartén grande con agua. Ponga a hervir a fuego alto. Reduzca el fuego a medio; tape y cueza de 7 a 9 minutos o hasta que la pasta tenga una consistencia suave.

- Agregue el pollo y las aceitunas; cueza durante 5 minutos más.

- En un recipiente pequeño, combine el yogur y el perejil.

- Añada la mezcla de yogur a la pasta. Tape y cueza a fuego bajo por 1 minuto o hasta que se haya calentado completamente.   *Rinde 4 porciones*

132

Buena Idea: Para obtener pan molido rápidamente para la parte superior de sus guisados, frote dos rebanadas de pan tostado encima del guisado. ¡El pan molido caerá como magia!

Tiempo de Preparación: 5 minutos
Tiempo de Cocción: 15 a 18 minutos

Pay de Pollo en Sartén

1 lata (300 ml) de crema de pollo baja en sodio
1¼ tazas de leche descremada
1 paquete (285 g) de verduras mixtas congeladas
2 tazas de pollo cocido picado
½ cucharadita de pimienta negra
1 taza de harina para bisquets
¼ de cucharadita de salvia o perejil

1. Caliente la crema, 1 taza de leche, las verduras, el pollo y la pimienta en una sartén mediana a fuego medio hasta que hierva.

2. Mientras tanto, combine la harina para bisquet y la salvia en un recipiente pequeño. Agregue de 3 a 4 cucharadas de leche hasta que se forme una pasta suave. Coloque la pasta sobre la mezcla de pollo con una cuchara, de modo que queden 6 montones de pasta. Cubra parcialmente y cueza durante 12 minutos o hasta que la pasta se haya cocido bien; bañe la pasta con el líquido del guisado una o dos veces. Adorne con salvia adicional, si lo desea.

Rinde 6 porciones

Tiempo de Preparación y Cocción: 25 minutos

Pollo con Couscous

900 g de pechugas de pollo, deshuesadas y sin piel, en trozos de 2.5 cm
¼ de taza de aceite de oliva
4 zanahorias grandes, peladas y rebanadas
2 cebollas medianas picadas
2 dientes grandes de ajo picados
780 ml de consomé de pollo
2 tazas de couscous sin cocer
2 cucharaditas de salsa picante
½ cucharadita de sal
1 taza de uvas pasa o grosella
1 taza de rebanadas de almendra, tostadas
¼ de taza de perejil o menta frescos picados

133

Fría el pollo en el aceite caliente en una sartén de 30 cm a fuego medio-alto hasta que se dore. Con una cuchara ranurada, retire el pollo de la sartén y colóquelo en un plato. Reduzca el fuego a medio. En la grasa del pollo, fría las zanahorias y la cebolla durante 5 minutos. Agregue el ajo y fría durante 2 minutos más; revuelva frecuentemente.

Añada el consomé de pollo, el couscous, la salsa picante, la sal y el pollo. Ponga a hervir; reduzca el fuego a bajo. Tape y cueza por 5 minutos. Incorpore las uvas pasa, las almendras y el perejil.

Rinde 8 porciones

Pollo BBQ Sureño con Arroz

1 taza de arroz vaporizado
4 mitades de pechuga de pollo
1½ tazas de agua
1 taza de salsa barbecue
1 paquete (6 mitades) de mazorcas de maíz congeladas

COCINAR: LIMPIEZA: Lávese las manos. En una sartén grande, combine el agua, el arroz, ¾ de taza de salsa barbecue y el pollo. Ponga a hervir. Tape y reduzca el fuego. Cueza durante 25 minutos. Agregue el maíz y cueza de 15 a 20 minutos o hasta que el jugo interno del pollo esté claro. (O inserte un termómetro para carne en la parte más gruesa del pollo; la temperatura deberá ser de 76 °C.) Sirva ¼ de taza de salsa barbecue sobre el pollo. Retire del fuego y deje reposar por 5 minutos o hasta que el líquido se haya absorbido.

SERVIR: Sirva con salsa barbecue extra y pan de maíz, si lo desea.

ENFRIAR: Refrigere el sobrante inmediatamente.

Rinde 4 porciones

134

Tiempo de Preparación: ninguno
Tiempo de Cocción: 40 a 45 minutos

Los guisados en sartén son ideales para preparar recetas que contienen proteína, almidón y verduras: una comida completa en una sola sartén. ¡La limpieza también es rapidísima!

Pollo al Curry con Couscous

1 paquete (180 g) de couscous sabor curry
1 cucharada de mantequilla o margarina
450 g de pechugas de pollo, deshuesadas y sin piel, en tiras delgadas
½ bolsa (450 g) de verduras congeladas, como brócoli, coliflor y pimientos rojos
1⅓ tazas de agua
½ taza de uvas pasa

- Retire los sazonadores del paquete de couscous.

- En una sartén antiadherente grande, derrita la mantequilla a fuego medio-alto. Agregue el pollo y fría hasta que haya dorado.

- Añada las verduras, el agua, las uvas pasa y el sazonador. Ponga a hervir. Reduzca el fuego a medio-bajo; tape y cueza durante 5 minutos o hasta que el pollo pierda su color rosado en el centro.

- Incorpore el couscous y tape. Retire del fuego y deje reposar por 5 minutos. Revuelva antes de servir. *Rinde 4 porciones*

Sugerencia para Servir: Sirva con pitas tostadas.

Buena Idea: Para agregar sabor a las pechugas de pollo, úntelas con jugo de limón antes de cocinarlas.

Tiempo de Preparación: 5 minutos
Tiempo de Cocción: 15 minutos

136

Pollo al Curry con Couscous

Frittata de Papas con Cerdo

360 g (unas 3 tazas) de papas (patatas) hash brown congeladas
1 cucharadita de sazonador Cajún
4 claras de huevo
2 huevos enteros
¼ de taza de leche baja en grasa
1 cucharadita de mostaza seca
¼ de cucharadita de pimienta negra
285 g (unas 3 tazas) de verduras para freír congeladas
⅓ de taza de agua
¾ de taza de carne magra de cerdo, cocida y picada
½ taza (60 g) de queso cheddar rallado

1. Caliente el horno a 200 °C. Rocíe una charola para hornear con aceite en aerosol. Distribuya las papas en la charola; espolvoree el sazonador. Hornee por 15 minutos o hasta que esté caliente. Retire del horno. *Reduzca la temperatura del horno a 180 °C.*

2. Bata las claras de huevo, los huevos, la leche, la mostaza y la pimienta en un recipiente pequeño. Coloque las verduras y el agua en una sartén a prueba de fuego. Cueza a fuego medio durante 5 minutos o hasta que las verduras estén listas.

3. Agregue la carne y las papas a las verduras en la sartén; revuelva un poco. Añada la mezcla de huevo. Espolvoree con queso. Cueza a fuego medio-bajo por 5 minutos. Coloque la sartén en el horno a 180 °C y hornee durante 5 minutos o hasta que la mezcla de huevo esté cocida y el queso se haya derretido. *Rinde 4 porciones*

Tiempo de Preparación y Cocción: 30 minutos

Ayuda

Puede sustituir las cuatro claras de huevo por dos huevos enteros, si lo desea.

Frittata de Papas con Cerdo

Hamburguesa y Macarrones con Queso

450 g de carne molida de res
2¾ tazas de agua
⅓ de taza de salsa catsup
1 a 2 cucharadas de cebolla en polvo
2 tazas (225 g) de coditos de pasta sin cocer
340 g de queso amarillo en cubos

1. Dore la carne en una sartén grande y escúrrala.

2. Agregue el agua, la catsup y la cebolla en polvo. Ponga a hervir. Añada la pasta. Reduzca el fuego a medio-bajo. Cueza de 8 a 10 minutos o hasta que los coditos se hayan cocido.

3. Incorpore el queso y revuelva hasta que se haya derretido.

Manejo Seguro: Conserve la carne molida de res en la parte más fría del refrigerador hasta por 2 días. Asegúrese de que el líquido de la carne cruda no toque otros alimentos. La carne molida se puede envolver y congelar hasta por 3 meses.

140

Arroz Franco-Americano

225 g de carne magra molida de res o pavo
1 caja (285 g) de arroz blanco y salvaje congelado
1½ cucharaditas de salsa de soya
½ taza de nueces

• En una sartén grande, fría la carne a fuego medio-alto durante 5 minutos o hasta que haya dorado.

• Agregue el arroz y cueza por 5 minutos más o hasta que el arroz se haya cocido; revuelva ocasionalmente.

• Añada la salsa de soya y las nueces; cueza durante 1 minuto o hasta que se haya calentado bien. *Rinde 4 porciones*

Tiempo de Preparación: 5 minutos
Tiempo de Cocción: 10 minutos

Hamburguesa y Macarrones con Queso

Chuletas de Cerdo con Manzanas y Relleno

4 chuletas de cerdo de 1.5 cm de grosor
  Sal y pimienta
1 cucharada de aceite
2 manzanas medianas, descorazonadas, en 8 gajos
1 taza de jugo de manzana
2 tazas de relleno de pan de maíz
¼ de taza de nuez picada

ESPOLVOREE las chuletas con sal y pimienta. Caliente el aceite en una sartén grande a fuego medio-alto. Agregue las chuletas y las manzanas. Fría hasta que las chuletas se hayan dorado por ambos lados.

VIERTA el jugo de manzana y ponga a hervir. Reduzca el fuego a bajo. Tape y cueza durante 8 minutos o hasta que las chuletas se hayan cocido. Retírelas de la sartén.

AÑADA el relleno y las nueces. Regrese las chuletas a la sartén y tape. Retire del fuego y deje reposar por 5 minutos. *Rinde 4 porciones*

Tiempo de Preparación: 10 minutos
Tiempo de Cocción: 20 minutos

Salchichas con Papas

3 cucharadas de aceite vegetal
4 salchichas alemanas de res
3 tazas de papas (patatas) rojas cocidas y picadas
1 taza de cebolla picada
1 taza de pimiento morrón verde o una combinación de pimientos rojos y verdes, sin semillas y picados
3 cucharadas de perejil fresco picado (opcional)
1 cucharadita de salvia seca
½ cucharadita de sal
¼ de cucharadita de pimienta negra recién molida

Caliente 1 cucharada de aceite en una sartén antiadherente grande a fuego medio. Haga cortes en las salchichas y colóquelas en la sartén. Fría las salchichas hasta que se doren. Colóquelas en un plato.

Agregue el aceite restante a la sartén. Añada las papas, la cebolla y los pimientos. Fría de 12 a 14 minutos o hasta que las papas se hayan dorado. Incorpore el perejil, la salvia y la pimienta negra.

Regrese las salchichas a la sartén y póngalas sobre la mezcla de papas. Cueza por unos 5 minutos o hasta que se hayan calentado bien; voltéelas una vez durante el tiempo de cocción.   *Rinde 4 porciones*

Arroz Español con Albóndigas

    6 rebanadas de tocino
450 g de carne magra molida de res
    ½ taza de pan molido
    1 huevo, ligeramente batido
    ½ cucharadita de sal
    ⅛ de cucharadita de pimienta negra
    ½ taza de cebolla picada
    ½ taza de apio rebanado
    ⅔ de taza de arroz blanco sin cocer
    1½ tazas de agua
    1 lata (420 g) de tomates rojos enteros pelados, en trozos pequeños
    ⅓ de taza de salsa para carne
    ¼ de cucharadita de pimienta negra
    ⅛ de cucharadita de salsa picante
    1 pimiento morrón verde picado, en trozos de 0.5 cm

En una sartén grande, fría el tocino; retírelo y desmorónelo. Escurra la grasa; reserve 1 cucharada. En un recipiente grande, combine la carne de res, el pan molido, el huevo, la sal y ⅛ de cucharadita de pimienta negra. Forme 20 albóndigas con 1 cucharada abundante para cada una. En la misma sartén, dore las albóndigas en la grasa que reservó y retírelas. En la misma sartén, saltee la cebolla y el apio; escurra el exceso de grasa. Agregue el arroz, el agua, los tomates, la salsa para carne, ¼ de cucharadita de pimienta negra y la salsa picante. Tape y cueza durante 20 minutos. Añada el tocino, las albóndigas y el pimiento. Tape; cueza por 10 minutos más o hasta que el arroz esté cocido y el líquido se haya absorbido; revuelva ocasionalmente.   *Rinde 4 porciones (4 tazas de mezcla de arroz)*

Jambalaya de Salchicha con Jamón

180 g de salchicha ahumada rebanada
180 g de jamón cocido picado
   2 latas (de 435 g cada una) de tomates rojos cocidos
   1 taza de arroz blanco de grano largo sin cocer
   1 diente grande de ajo picado
   1 cucharada de perejil fresco picado
   1 hoja de laurel

1. Dore las salchichas y el jamón en una olla de 4 litros de capacidad. Escurra los tomates y reserve el líquido; vierta el líquido en una taza medidora. Agregue agua hasta obtener 1½ tazas.

2. Añada el líquido reservado, los tomates y el resto de los ingredientes a la mezcla de salchicha.

3. Tape y cueza de 30 a 35 minutos; revuelva ocasionalmente. Retire la hoja de laurel. Adorne con perejil picado adicional, si lo desea.   *Rinde de 4 a 6 porciones*

Tiempo de Preparación: 10 minutos
Tiempo de Cocción: 40 minutos

144

Carne Sonoma y Arroz

450 g de carne magra molida de res
   1 diente de ajo finamente picado
   1 paquete (200 g) de arroz con sabor a carne de res
   ½ taza de pimiento morrón verde picado o 1 lata (120 g) de chiles verdes picados, sin escurrir
   ¼ de taza de cebollín picado
   1 tomate rojo mediano picado
   2 cucharadas de perejil o cilantro fresco picado

1. En una sartén grande, dore la carne y el ajo; escurra y retire de la sartén.

2. En la misma sartén, prepare el arroz de acuerdo con las instrucciones de la envoltura; añada la mezcla de res, los pimientos y la cebolla durante los últimos 5 minutos de cocción.

3. Coloque encima el tomate y el perejil.   *Rinde 4 porciones*

Jambalaya de Salchicha con Jamón

Pay Taco de Sartén

450 g de carne molida de res
1 paquete (40 g) de sazonador para taco
¼ de taza de agua
1 lata (225 g) de alubias enjuagadas y escurridas
1 taza de tomate rojo picado
¾ de taza de maíz descongelado
¾ de taza de chícharos (guisantes) descongelados
1½ tazas (180 g) de queso cheddar rallado
1 lata (350 g) de masa preparada para palitos de pan

1. Caliente el horno a 200 °C. Dore la carne en una sartén a prueba de calor a fuego medio-alto; revuelva para separarla. Escurra la grasa. Agregue el sazonador y el agua. Cueza a fuego medio-bajo durante 3 minutos o hasta que la mayor parte del líquido se haya absorbido; revuelva ocasionalmente.

2. Añada las alubias, el tomate, el maíz y los chícharos. Cueza por 3 minutos o hasta que la mezcla esté caliente. Retire del fuego e incorpore el queso.

3. Desenvuelva la masa y separe en 16 tiras. Tuerza las tiras y córtelas de modo que quepan en la sartén. Acomode de manera atractiva sobre la mezcla de carne. Presione los extremos de las tiras sobre la orilla de la sartén. Hornee durante 15 minutos o hasta que el pan se haya dorado y la mezcla de carne burbujee. *Rinde de 4 a 6 porciones*

Tiempo de Preparación y Cocción: 30 minutos

Pay Taco de Sartén

Arroz y Salchicha Nueva Orleáns

225 g de salchicha ahumada* en rebanadas
1 lata (435 g) de tomates rojos cocidos, estilo italiano
¾ de taza de agua
1¾ tazas de arroz instantáneo sin cocer
Pizca de salsa picante o al gusto
1 bolsa (450 g) de brócoli, maíz y pimientos rojos congelados

*Para un platillo más picante, utilice salchichas condimentadas. Puede ser cualquier tipo de salchicha.

Caliente las salchichas en una sartén grande de 2 a 3 minutos.

Agregue los tomates, el agua, el arroz y la salsa picante; revuelva bien.

Añada las verduras y revuelva bien. Tape y cueza a fuego medio de 5 a 7 minutos o hasta que el arroz esté suave y las verduras se hayan calentado completamente. *Rinde 6 porciones*

Tiempo de Preparación: 5 minutos
Tiempo de Cocción: 10 minutos

148

Pasta Primavera a la Crema

1 bolsa (450 g) de pasta primavera congelada
½ taza de leche
2 paquetes (de 90 g cada uno) de queso crema, en cubos
1 taza de jamón en cubos
¼ de taza de queso parmesano rallado

• En una sartén grande, caliente la pasta a fuego medio; tape y cueza de 7 a 9 minutos o hasta que las verduras se suavicen.

• Agregue el queso crema; reduzca el fuego a bajo y cueza hasta que el queso se haya derretido. Revuelva a menudo.

• Añada el jamón y el queso; tape y cueza durante 5 minutos más. *Rinde 4 porciones*

Tiempo de Preparación: 10 minutos
Tiempo de Cocción: 20 minutos

Arroz y Salchicha Nueva Orleáns

Stroganoff de Res con Queso

450 g de carne molida de res
2 tazas de agua
3 tazas (180 g) de tallarines medianos, sin cocer
360 g de queso amarillo en cubos
1 lata (300 ml) de crema condensada de champiñones
¼ de cucharadita de pimienta negra

1. Dore la carne en una sartén grande y escúrrala.

2. Agregue el agua. Ponga a hervir. Añada la pasta. Reduzca el fuego a medio-bajo. Tape y cueza durante 8 minutos o hasta que la pasta se haya cocido.

3. Añada el queso, la crema y la pimienta. Revuelva hasta que el queso se derrita.

Rinde de 4 a 6 porciones

Tiempo de Preparación: 10 minutos
Tiempo de Cocción: 15 minutos

150

Arroz al Queso con Jamón y Brócoli en 15 minutos

2 tazas de jamón cocido, en tiras
2 tazas de floretes de brócoli, fresco o descongelado
1 taza de agua
1½ tazas de arroz instantáneo, sin cocer
225 g de queso amarillo picado

1. En una sartén grande, hierva el jamón y el brócoli con el agua. Tape y cueza a fuego medio durante 3 minutos.

2. Agregue el arroz y el queso. Tape y retire del fuego. Deje reposar por 7 minutos. Revuelva hasta que el queso se derrita.

Rinde 4 porciones

Stroganoff de Res con Queso

Sartén de Espagueti y Salchicha

125 g de salchicha italiana rebanada
225 g de carne molida de res
¼ de cucharadita de orégano seco machacado
120 g de espagueti, partido a la mitad
1 lata (435 g) de tomates rojos con albahaca, ajo y orégano
1 lata (225 g) de salsa de tomate
1½ tazas de champiñones frescos rebanados
2 tallos de apio rebanados

1. Dore la salchicha en una sartén mediana a fuego medio-alto. Agregue la carne y el orégano. Sazone al gusto con sal y pimienta, si lo desea.

2. Cueza y revuelva ocasionalmente, hasta que la carne se haya dorado; escúrrala.

3. Agregue la pasta, 1 taza de agua, los tomates sin escurrir, la salsa de tomate, los champiñones y el apio. Ponga a hervir; revuelva de vez en cuando.

4. Reduzca el fuego; tape y cueza de 12 a 14 minutos o hasta que el espagueti se haya cocido. Adorne con queso parmesano rallado y perejil picado, si lo desea. Sirva de inmediato.

Rinde de 4 a 6 porciones

Tiempo de Preparación: 5 minutos
Tiempo de Cocción: 30 minutos

152

Sencillo Stroganoff de Res

2 cucharadas de aceite
2 cucharaditas de ajo finamente picado
125 g de bistec de sirloin en tiras
¼ de taza de vino tinto seco
2 cucharaditas de salsa inglesa
1¼ tazas de agua
½ taza de leche
2 cucharadas de margarina
1 paquete de sopa estilo stroganoff
½ taza de cebollas de cambray peladas

En una sartén de 30 cm, caliente el aceite a fuego medio y fría el ajo por 30 segundos. Agregue la carne y cueza a fuego medio-alto durante 1 minuto o hasta que esté casi cocida. Vierta el vino y la salsa inglesa; cueza por 30 segundos; retire la carne.

En la misma sartén, añada el agua, la leche, la margarina y la sopa. Deje que hierva durante 7 minutos; revuelva ocasionalmente. Incorpore la cebolla y la carne; luego cueza por 2 minutos o hasta que la sopa se haya cocido. Adorne, si lo desea, con perejil picado y pimentón.

Rinde unas 2 porciones

Fácil Guisado de Arroz con Res

   2 **cucharadas de harina**
   ½ **cucharadita de sal**
   ¼ **de cucharadita de pimienta**
450 **g de bola de res, en trozos de 2 cm**
   1 **cucharada de aceite**
   2 **zanahorias medianas, en rebanadas diagonales**
   1 **cebolla mediana poco picada**
   1 **frasco (120 g) de champiñones rebanados, escurridos**
   1 **lata (435 g) de tomates rojos enteros sin escurrir, poco picados**
   1 **lata (300 ml) de gravy de res**
   ¼ **de taza de vino tinto seco o borgoña**
  1½ **tazas de arroz instantáneo sin cocer**

MEZCLE la harina, la sal y la pimienta en un recipiente grande. Agregue la carne y revuelva.

CALIENTE el aceite en una sartén grande a fuego medio-alto. Añada la carne y fría hasta que se haya dorado. Incorpore las zanahorias, la cebolla y los champiñones; fría por 2 minutos.

AGREGUE los tomates, el gravy y el vino. Ponga a hervir. Reduzca el fuego a bajo; tape y cueza durante 10 minutos.

AÑADA el arroz; tape. Retire del fuego. Deje reposar por 5 minutos. Revuelva.

Rinde 4 porciones

Tiempo de Preparación: 10 minutos
Tiempo de Cocción: 20 minutos

Guisado de Salchicha y Frijoles en Sartén

450 g de salchicha italiana con especias, en rebanadas de 1.5 cm
½ cebolla picada
2 tazas de mezcla congelada de papas (patatas), cebolla y pimientos
1 lata (435 g) de frijoles (judías) pintos, sin escurrir
1 cucharadita de consomé de res instantáneo
1 cucharadita de orégano seco
⅛ de cucharadita de pimienta roja molida

1. Combine la salchicha y la cebolla en una sartén antiadherente grande; cueza a fuego medio-alto de 5 a 7 minutos o hasta que la salchicha ya no esté rosada. Escurra la grasa.

2. Añada las papas, los frijoles, ¾ de taza de agua, el consomé, el orégano y la pimienta; reduzca el fuego a medio. Tape y cueza por 15 minutos; revuelva de vez en cuando.

Rinde 4 porciones

154

Sartén de Salchicha y Pimientos

450 g de salchicha italiana de cerdo
1 cebolla mediana, en gajos
1 pimiento morrón verde pequeño, en tiras
1 pimiento morrón rojo, en tiras
1 lata (225 g) de salsa de tomate
1 lata (225 g) de tomates rojos enteros, sin escurrir
½ cucharadita de orégano seco
2 tazas de relleno sabor pollo

DORE la salchicha en una sartén grande a fuego medio-alto. Agregue la cebolla, los pimientos, la salsa de tomate, los tomates y el orégano. Ponga a hervir. Reduzca el fuego a bajo. Tape y cueza durante 5 minutos o hasta que las verduras estén cocidas.

AÑADA el relleno y revuelva hasta que se humedezca. Retire del fuego. Deje reposar por 5 minutos.

Rinde 4 porciones

Tiempo de Preparación: 15 minutos
Tiempo de Cocción: 15 minutos

Guisado de Salchicha y Frijoles en Sartén

Guisado de Bistec

2 cucharadas de aceite vegetal
1 pimiento morrón verde picado
½ cebolla mediana picada
450 g de papas (patatas) horneadas y picadas
225 g de bistec cocido o roast beef, en cubos de 2.5 cm
Sal y pimienta negra al gusto
¼ de taza (30 g) de queso para fundir rallado
4 huevos

1. Caliente el aceite en una sartén mediana a fuego medio. Agregue el pimiento y la cebolla; cueza hasta que se suavicen. Añada las papas; reduzca el fuego a bajo. Tape y cueza, revolviendo de vez en cuando, por unos 10 minutos o hasta que las papas estén calientes.

2. Incorpore la carne; sazone con sal y pimienta. Espolvoree con queso. Tape y cueza durante unos 5 minutos o hasta que la carne se caliente y el queso esté derretido. Sirva en 4 platos.

3. Mientras tanto, prepare los huevos al gusto; coloque 1 huevo encima de cada porción.

Rinde 4 porciones

156

Chili con Arroz

450 g de carne molida de res
2 tazas de agua
1 lata (440 g) de alubias, sin escurrir
1 lata (430 g) de salsa de tomate
1 paquete (40 g) de sazonador con chile
2 tazas de arroz blanco instantáneo, sin cocer
1 taza de queso cheddar rallado

1. **DORE** la carne en una sartén grande a fuego medio; escúrrala.

2. **AGREGUE** el agua, las alubias, la salsa de tomate y el sazonador. Ponga a hervir.

3. **AÑADA** el arroz. Espolvoree con queso. Tape y cueza a fuego bajo durante 5 minutos.

Rinde 6 porciones

Guisado de Bistec

Mariscos Alfredo Estilo Newburg

2 cucharadas de margarina o mantequilla
¼ de taza de cebolla finamente picada
450 g de camarón mediano sin cocer, pelado, desvenado y poco picado
1 frasco (450 ml) de salsa de queso estilo Alfredo
¼ de cucharadita de pimienta blanca molida
4 croissants

1. En una sartén antiadherente de 30 cm, derrita la margarina a fuego medio-alto; fría la cebolla durante 2 minutos o hasta que se suavice; revuelva ocasionalmente.

2. Agregue el camarón y cueza por 2 minutos o hasta que los camarones se tornen un poco rosados; revuelva de vez en cuando. Añada la salsa de queso y la pimienta. Ponga a hervir a fuego alto.

3. Reduzca el fuego a bajo y cueza, sin tapar, revolviendo ocasionalmente, durante 5 minutos o hasta que los camarones se tornen rosados. Para servir, coloque la mezcla de camarón en la parte inferior de los croissants y espolvoree con perejil picado, si lo desea. Coloque la otra mitad del croissant encima.

Rinde 4 porciones

Variante: Para preparar un platillo light, sustituya la salsa de queso por salsa de queso estilo Alfredo light.

Consejo: Sustituya el camarón con 450 g de imitación de carne de cangrejo.

Tiempo de Preparación: 5 minutos
Tiempo de Cocción: 15 minutos

Ayuda

Esta versión de Mariscos Alfredo Estilo Newburg es lo suficientemente especial para servirla a sus invitados, aunque nunca sabrán lo fácil que es prepararlo.

Mariscos Alfredo Estilo Newburg

Atún con Especias y Linguine con Ajo y Piñones

2 cucharadas de aceite de oliva
4 dientes de ajo finamente picados
2 tazas de champiñones rebanados
½ taza de cebolla picada
½ cucharadita de pimienta roja picada
2½ tazas de tomates rojos picados
420 ml de consomé de pollo más agua para obtener 2 tazas
½ cucharadita de sal
¼ de cucharadita de pimienta negra poco molida
1 paquete (250 g) de linguine sin cocer
1 bolsa (210 g) de atún en agua
⅓ de taza de cilantro fresco picado
⅓ de taza de piñones o almendras tostadas

160

En una sartén de 30 cm, caliente el aceite a fuego medio-alto; saltee el ajo, los champiñones, la cebolla y la pimienta roja hasta que se doren. Agregue los tomates, el consomé, la sal y la pimienta negra. Ponga a hervir.

Separe el linguine sin cocer. Coloque en la sartén y vierta encima la salsa. Reduzca el fuego; tape y cueza durante 4 minutos más o hasta que se haya cocido completamente. Revuelva; agregue el atún y el cilantro y revuelva otra vez. Espolvoree con los piñones.

Rinde de 4 a 6 porciones

Debido a que el proceso para extraer los piñones de las piñas de los pinos es laborioso, estas nueces mediterráneas son caras. También conocidos con otros nombres, los piñones tienen un alto contenido de aceite. Para evitar que se echen a perder, guárdelos en el refrigerador hasta por 3 meses, o en el congelador hasta por 9 meses.

*Atún con Especias y Linguine
con Ajo y Piñones*

Guisado Primavera con Queso

2½ tazas de agua
1 paquete (400 g) de macarrones con queso
½ cucharadita de albahaca seca machacada
½ cucharadita de ajo en polvo
3 tazas de verduras mixtas congeladas (brócoli, coliflor y zanahorias)

HIERVA el agua en una sartén grande. Agregue los macarrones con su sazonador. Vuelva a hervir.

AGREGUE las verduras. Reduzca el fuego a medio-bajo; tape. Cueza durante 10 minutos o hasta que el macarrón se haya cocido.

AÑADA la salsa de queso del paquete de macarrón. Cueza por 2 minutos a fuego medio-bajo hasta que haya espesado y se acreme.

Rinde 5 porciones

Tiempo de Preparación: 5 minutos
Tiempo de Cocción: 15 minutos

162

Camarón y Arroz Criollos

2 cucharadas de aceite de oliva
1 taza de arroz blanco sin cocer
1 lata (440 g) de tomates rojos picados con ajo, sin escurrir
1½ tazas de agua
1 cucharadita de sazonador Cajún
450 g de camarones medianos, pelados y cocidos
1 paquete (285 g) de okra (quingombó) o 1½ tazas de vainas, descongeladas

1. Caliente el aceite en una sartén grande a fuego medio. Agregue el arroz y revuelva de 2 a 3 minutos o hasta que se haya dorado ligeramente.

2. Agregue los tomates con su jugo, el agua y los sazonadores; ponga a hervir. Reduzca el fuego y tape; cueza durante 15 minutos.

3. Añada el camarón y la okra. Tape y cueza por 3 minutos o hasta que se caliente bien.

Rinde 4 porciones

Guisado Primavera con Queso

Veronique de Atún

2 poros (puerros) o cebollines
½ taza de zanahoria en tiras delgadas
1 tallo de apio, en rebanadas diagonales
1 cucharada de aceite vegetal
1¾ tazas de consomé de pollo
2 cucharadas de fécula de maíz
⅓ de taza de vino blanco seco
1¼ tazas de uvas rojas o verdes sin semillas, en mitades
1 bolsa (210 g) de atún light
1 cucharada de cebollín picado
¼ de cucharadita de pimienta blanca o negra molida
4 a 5 rebanadas de pan, tostadas y en cuartos, o de 8 a 10 rebanadas de pan francés tostado y rebanado

En caso de usar poros, lave muy bien las hojas. Corte la parte blanca en rebanadas de 0.5 cm. Deseche la porción verde. Si usa cebollín, córtelo en rebanadas de 0.5 cm. En una sartén antiadherente grande, saltee el poro, las zanahorias y el apio en el aceite por 3 minutos. En un recipiente pequeño, revuelva muy bien el consomé con la fécula; agregue a las verduras. Cueza hasta que la mezcla se espese y burbujee. Vierta el vino y hierva durante 2 minutos. Añada las uvas, el atún, el cebollín y la pimienta. Cueza por 2 minutos más o hasta que se caliente bien. Sirva la salsa sobre pan tostado.

Rinde de 4 a 5 porciones

Tiempo de Preparación: 20 minutos

Veronique es un término francés utilizado para describir platillos que contienen uvas como ingrediente o guarnición.

Frittata de Cangrejo

1 cucharada de aceite de oliva
1 pimiento morrón verde mediano, finamente picado
2 dientes de ajo picados
6 huevos
1 lata (195 g) de carne de cangrejo, escurrida
¼ de cucharadita de pimienta negra
¼ de cucharadita de sal
¼ de cucharadita de salsa picante
1 tomate rojo grande, sin semillas y finamente picado

1. Caliente el asador. Caliente el aceite en una sartén antiadherente de 25 cm con mango a prueba de calor, a fuego medio. Agregue el pimiento y el ajo; fría durante 3 minutos o hasta que adquiera una consistencia suave.

2. Mientras tanto, bata los huevos en un recipiente mediano. Desbarate las piezas grandes de la carne de cangrejo. Añada la carne, la pimienta negra, la sal y la salsa picante a los huevos.

3. Incorpore el tomate a la sartén y fría por 1 minuto. Agregue la mezcla de huevo. Reduzca el fuego a medio-bajo. Cueza durante unos 7 minutos o hasta que el huevo empiece a cocerse en las orillas.

4. Retire la sartén de la hornilla y coloque en el asador a 15 cm de la fuente de calor. Ase por 2 minutos o hasta que la frittata se haya dorado. Retire del asador y coloque en un plato. Sirva de inmediato.   *Rinde 4 porciones*

165

Consejo: Sirva con pan, verduras crudas en tiras y guacamole.

Tiempo de Preparación y Cocción: 20 minutos

Ayuda

Puede sustituir la carne enlatada por carne fresca de cangrejo. Compre la carne fresca el mismo día en que planee usarla; almacénela en la parte más fría del refrigerador hasta que vaya a usarla.

Tentador Atún Parmesano

2 dientes grandes de ajo
1 paquete (210 g) de pasta pelo de ángel
¼ de taza de mantequilla o margarina
1 taza de crema para batir
1 taza de chícharos (guisantes) congelados
¼ de cucharadita de sal
1 lata (180 g) de atún blanco en agua, escurrido
¼ de taza de queso parmesano rallado más queso adicional para servir
Pimienta negra

1. Llene con agua una sartén profunda a ¾ partes de su capacidad. Tape y hierva a fuego alto. Mientras tanto, pele y pique el ajo.

2. Agregue la pasta a la sartén; hierva de 1 a 2 minutos o hasta que esté al dente. No cueza de más. Escúrrala.

3. Añada la mantequilla y el ajo a la sartén; cueza a fuego medio-alto hasta que la mantequilla se haya derretido. Incorpore la crema, los chícharos y la sal; deje hervir.

4. Desmenuce el atún en trozos grandes y agregue a la sartén con ¼ de taza de queso. Regrese la pasta a la sartén. Cueza hasta que se caliente bien. Sirva con queso adicional y pimienta al gusto.

Rinde de 2 a 3 porciones

Sugerencia para Servir: Acompañe con ensalada de lechuga y tomate con aderezo italiano.

Tiempo de Preparación y Cocción: 16 minutos

166

Tentador Atún Parmesano

Pasta con Pollo y Verduras

180 g (unas 3 tazas) de espagueti delgado sin cocer
½ taza de consomé de pollo
2 cucharadas de salsa hoisin
1 cucharada de aceite vegetal
2 cebollines finamente picados
1 cucharadita de jengibre fresco picado
1 diente de ajo picado
450 g de pechugas de pollo, deshuesadas y sin piel, en trozos chicos
1 paquete de verduras mixtas,* descongeladas y escurridas
¼ de taza de mermelada de naranja
2 cucharadas de salsa picante
¼ de cucharadita de hojuelas de pimienta roja

*Utilice su mezcla favorita de verduras, como coliflor, zanahoria y tirabeques.

Saque el wok y sofría

una tentadora

comida que no puede

fallar. ¿No tiene wok?

No importa; una

sartén también

funciona.

1. Coloque 6 tazas de agua en un wok o en una olla grande; hierva a fuego alto. Agregue el espagueti y cueza durante 3 minutos o hasta que esté al dente; revuelva ocasionalmente. Escúrrala. Coloque la pasta en un recipiente mediano; añada el consomé y la salsa hoisin. Mantenga caliente.

2. Caliente el aceite en un wok o en una sartén grande a fuego alto. Incorpore la cebolla, el jengibre y el ajo; sofría por 15 segundos. Agregue el pollo; sofría de 3 a 4 minutos. Añada las verduras; sofría hasta que estén calientes y el pollo pierda su color rosado. Incorpore la mermelada, la salsa picante y la pimienta. Revuelva hasta que esté caliente. Sirva sobre la pasta.

Rinde 4 porciones

Pasta con Pollo y Verduras

Pollo con Tirabeques

675 g de pechugas de pollo, deshuesadas y sin piel, en trozos chicos
3 cucharadas de salsa de soya light
¼ de taza de harina de trigo
2 cucharadas de azúcar
1 diente de ajo picado
½ cucharadita de jengibre molido
2 cucharadas de aceite vegetal
120 g de champiñones shiitake o cualquier champiñón fresco, en tiras delgadas
1 pimiento morrón rojo, en triángulos de 2.5 cm
120 g de tirabeques (vainas)
1½ tazas de consomé de pollo
1 cucharada de fécula de maíz
¼ de cucharadita de pimienta negra
Arroz cocido caliente

1. Combine el pollo y la salsa de soya en un recipiente mediano. Cubra y refrigere de 15 minutos a 1 hora.

2. Revuelva la harina, el azúcar, el ajo y el jengibre en un molde para pay. Escurra el pollo; reserve la marinada. Cubra el pollo con la mezcla de harina.

3. Caliente el aceite en un wok o en una sartén grande a fuego alto. Agregue el pollo y sofría de 3 a 4 minutos o hasta que pierda su color rosado.

4. Añada los champiñones; sofría durante 1 minuto. Incorpore el pimiento y los tirabeques; sofría de 1 a 2 minutos o hasta que las verduras estén cocidas.

5. Bata la marinada que reservó, el consomé de pollo, la fécula y la pimienta en un recipiente pequeño; agregue a la mezcla de pollo del wok. Cueza hasta que la mezcla hierva; deje hervir por 1 minuto. Transfiera a un platón. Sirva con arroz. Adorne con hojas de col, si lo desea.

Rinde de 5 a 6 porciones

Pollo con Tirabeques

Pollo Sureño con Frijoles

3 cucharadas de jugo de limón
2 cucharadas de aceite sazonado para sofreír o aceite picante
2 cucharadas de cebolla finamente picada
1 cucharada de vinagre de vino blanco
1 diente de ajo picado
2 cucharaditas de chile en polvo
1 cucharadita de sal
½ cucharadita de orégano seco
½ cucharadita de comino molido
½ cucharadita de pimienta negra
450 g de pechuga de pollo, deshuesada y sin piel, o de filetes, en tiras de 0.5 cm
1 cebolla morada mediana, en tiras delgadas
2 pimientos morrones rojos, en tiras de 0.5 cm
1 cucharada de cilantro picado
2 latas (de 450 g cada una) de frijoles (judías) refritos, calientes
Totopos, salsa y crema agria

1. Combine el jugo de limón, 1 cucharada de aceite, la cebolla, el vinagre, el ajo, el chile en polvo, la sal, el orégano, el comino y la pimienta negra en un recipiente mediano. Agregue el pollo y cubra con la mezcla. Tape y refrigere de 45 minutos a 8 horas.

2. Caliente el aceite restante en un wok o en una sartén grande a fuego alto. Añada la mezcla de pollo; sofría durante 3 minutos. Incorpore la cebolla; sofría por 4 minutos. Agregue los pimientos; sofría de 2 a 3 minutos o hasta que las verduras estén listas. Espolvoree con cilantro.

3. Sirva el pollo y las verduras sobre los frijoles, con totopos, salsa y crema al lado.

Rinde de 4 a 5 porciones

Nota: Los aceites sazonados para sofreír difieren en "calor". Si el aceite tiene mucha pimienta, utilice 1 cucharada de aceite vegetal y 1 de aceite sazonado.

Pollo Sureño con Frijoles

Deslumbrante Sofrito de Pollo y Verduras

675 g de pollo, deshuesado y sin piel, en cubos de 2.5 cm
¼ de taza de salsa teriyaki
2 calabacitas pequeñas, en rebanadas delgadas (unos 340 g)
1 pimiento morrón rojo o verde, en tiras
1⅓ taza de cebollas para freír
½ taza de aderezo italiano para ensaladas
1 cucharadita de fécula de maíz

1. Revuelva el pollo con la salsa teriyaki. Caliente 1 cucharada de aceite en una sartén antiadherente de 30 cm. Sofría el pollo durante 5 minutos o hasta que se dore. Agregue la calabacita, el pimiento y ⅔ *de taza* de cebollas; sofría por 3 minutos o hasta que las verduras estén listas.

2. Combine el aderezo con la fécula de maíz; agregue a la sartén. Ponga a hervir. Cueza durante 2 minutos o hasta que la salsa se espese. Espolvoree el resto de las cebollas.

Rinde 6 porciones

Tiempo de Preparación: 10 minutos
Tiempo de Cocción: 10 minutos

Rápido Sofrito de Pollo

½ taza de aderezo de mayonesa
4 mitades de pechuga de pollo, deshuesadas y sin piel (unos 565 g), en tiras
¼ a ½ cucharadita de ajo en polvo
1 paquete (450 g) de verduras mixtas congeladas o 3 tazas de verduras frescas picadas
2 cucharadas de salsa de soya
2 tazas de arroz blanco cocido caliente

Caliente 2 cucharadas de aderezo en una sartén grande a fuego medio-alto. Agregue el pollo y el ajo en polvo; sofría durante 3 minutos.

Añada las verduras; sofría por 3 minutos o hasta que el pollo esté bien cocido.

Reduzca el fuego a medio. Incorpore el aderezo restante y la salsa de soya; cueza durante 1 minuto. Sirva sobre el arroz.

Rinde 4 porciones

Tiempo de Preparación: 10 minutos
Tiempo de Cocción: 7 minutos

Pollo Sofrito con Brócoli

450 g de filetes de pollo, deshuesados y sin piel
2 cucharadas de jugo de limón
2 cucharaditas de ralladura de cáscara de limón
1 cucharadita de tomillo seco
½ cucharadita de sal
¼ de cucharadita de pimienta blanca molida
1 taza de consomé de pollo
1 cucharada de fécula de maíz
3 cucharadas de aceite vegetal
1 cucharada de mantequilla
1 lata (120 g) de champiñones rebanados, escurridos
1 cebolla morada mediana rebanada
1 lata (400 g) de maíz baby,* en trozos, enjuagados y escurridos
2 tazas de brócoli picado descongelado
Arroz cocido caliente

*O sustituya por 1 lata (435 g) de elote baby entero y corte en trozos de 2.5 cm

1. Enjuague el pollo y séquelo con toallas de papel. Corte cada filete por la mitad. Combine el jugo de limón, la ralladura, el tomillo, la sal y la pimienta en un recipiente grande. Agregue el pollo y cubra bien. Marine durante 10 minutos.

2. Revuelva el consomé con la fécula de maíz en un recipiente pequeño.

3. Caliente un wok a fuego medio-alto por 1 minuto. Rocíe 1 cucharada de aceite en el wok. Agregue la mantequilla y extiéndala para cubrir todo el wok; caliente durante 30 segundos. Añada los champiñones; sofría por 1 minuto. Incorpore la cebolla; sofría durante 2 minutos. Pase a un recipiente grande.

4. Agregue el aceite restante al wok y caliente por 1 minuto. Acomode el pollo en una capa; sofría durante 1½ minutos o hasta que se dore por todos lados y pierda su color rosado en el centro. Coloque en el recipiente con la mezcla de verduras.

5. Ponga el maíz en el wok; sofría por 1 minuto más o menos. Revuelva la mezcla de consomé hasta que se incorpore. Vierta en la mezcla de pollo y brócoli; sofría hasta que se haya calentado bien. Sirva sobre el arroz.

Rinde de 4 a 6 porciones

Nota: El maíz baby es un maíz en miniatura que se puede comer entero. También es muy bueno en sopas y ensaladas.

Pollo Oriental con Espárragos

6 muslos de pollo, deshuesados y sin piel
2 cucharadas de fécula de maíz
½ cucharadita de sal
125 g de espárragos frescos picados
1 pimiento morrón rojo pequeño, en tiras
1 cebolla mediana rebanada
2 cucharadas de salsa de ostión
1 diente de ajo picado
½ cucharadita de aceite de ajonjolí (sésamo)
1 lata (435 g) de consomé de pollo
1 lata (225 g) de castañas de agua rebanadas, escurridas

PREPARAR: LIMPIAR: Lávese las manos. Corte el pollo en tiras. LIMPIAR: Lávese las manos. Combine 1 cucharada de fécula de maíz y la sal en un recipiente mediano. Agregue el pollo y cubra bien. Refrigérelo.

176

COCINAR: Rocíe una sartén antiadherente grande con aceite en aerosol. Caliente a fuego medio-alto. Fría los espárragos, el pimiento, la cebolla, la salsa de ostión, el ajo y el aceite durante unos 3 minutos. Retire de la sartén. Fría el pollo por unos 5 minutos o hasta que los jugos internos estén claros. (O inserte un termómetro para carne en la parte más gruesa del pollo; la temperatura debe ser de 82 °C.) Añada el consomé y las castañas a la sartén. Revuelva 1 cucharada de fécula de maíz y ¼ de taza de agua; vierta en la sartén. Fría hasta que la salsa se espese. Regrese las verduras a la sartén y caliente completamente.

SERVIR: Sirva con arroz cocido, si lo desea

REFRIGERAR: Refrigere el sobrante de inmediato.

Rinde 4 porciones

Tiempo de Preparación: 10 minutos
Tiempo de Cocción: 20 minutos

Pollo Oriental con Espárragos

Sofrito de Pollo al Limón con Hierbas

1 cucharada más 1½ cucharaditas de aceite de maní
2 cebollines, en trozos de 2.5 cm
1 zanahoria grande, en tiras julianas
4 mitades de pechuga de pollo, deshuesadas y sin piel (unos 450 g), en tiras
2 tazas de floretes de brócoli
1 lata (225 g) de brotes de bambú, escurridos
1 taza de marinada de ajo con hierbas y jugo de limón
1 cucharada de salsa de soya
½ cucharadita de arrurruz (maranta)
1 lata (315 g) de gajos de mandarina, escurridos (opcional)
1 cucharada de semillas de ajonjolí (sésamo)
3 tazas de arroz cocido caliente

En un wok o en una sartén grande, caliente el aceite. Agregue la cebolla y la zanahoria; fría a fuego medio-alto durante 5 minutos. Añada el pollo, el brócoli y los brotes de bambú; sofría de 7 a 9 minutos hasta que el pollo pierda su color rosado en el centro y los jugos salgan claros al momento de cortarlo. En un recipiente pequeño, combine la marinada, la salsa de soya y el arrurruz. Ponga en la sartén; continúe cociendo, revolviendo constantemente, hasta que se forme una salsa glaseada. Agregue los gajos de mandarina. Espolvoree con semillas de ajonjolí. *Rinde 6 porciones*

Sugerencia para Servir: Sirva sobre arroz caliente.

El pollo se puede sustituir por 450 g de lomo de cerdo, sin hueso, en tiras.

Sofrito de Pollo al Limón con Hierbas

Pollo a la Mandarina

2 cucharadas de vinagre de arroz
2 cucharadas de salsa de soya light
2 cucharadas de aceite de oliva
2 cucharaditas de ralladura de cáscara de naranja
1 diente de ajo finamente picado
450 g de pechugas de pollo, deshuesadas y sin piel, en tiras
2 latas (de 315 ml cada una) de gajos de mandarina, escurridos
½ taza (más o menos) de jugo de naranja
2 cucharadas de fécula de maíz
½ cucharadita de hojuelas de pimienta roja
1 cebolla, en gajos delgados
1 calabacita pequeña, en mitades y en rebanadas diagonales
1 calabaza amarilla, en mitades y en rebanadas diagonales
1 pimiento morrón rojo, en triángulos de 2.5 cm
1 lata (90 g) de tallarines chow mein (opcional)

1. Combine el vinagre, la salsa de soya, 1 cucharada de aceite, la ralladura y el ajo en un recipiente mediano. Agregue el pollo y cubra con la marinada. Tape y refrigere de 15 minutos a 1 hora.

2. Escurra el pollo; reserve la marinada. Escurra las naranjas; guarde el líquido. Mezcle la marinada y el líquido de las naranjas en un recipiente pequeño; añada suficiente jugo de naranja para completar 2 tazas. Incorpore la fécula de maíz y las hojuelas de pimienta.

3. Caliente el aceite restante en un wok o en una sartén grande a fuego alto. Agregue el pollo y sofría de 2 a 3 minutos o hasta que pierda su color rosado. Retírelo.

4. Sofría la cebolla durante 1 minuto a fuego alto. Añada la calabacita y la calabaza amarilla; sofría por 1 minuto. Incorpore el pimiento; sofría durante 1 minuto o hasta que las verduras estén cocidas. Vierta la mezcla de jugo de naranja. Cueza hasta que la mezcla hierva; deje hervir por 1 minuto. Agregue el pollo; cueza hasta que se caliente. Añada las naranjas y revuelva con cuidado. Transfiera a un platón. Corone con tallarines, si lo desea.

Rinde 6 porciones

Pollo a la Mandarina

Rápido Festín Oriental

1 bolsa de arroz integral
Aceite en aerosol
225 g de pechugas de pollo, deshuesadas y sin piel, en tiras
2 tazas de champiñones frescos rebanados
1 paquete (285 g) de tirabeques, descongelados y escurridos
1 lata (225 g) de castañas de agua, rebanadas y escurridas
6 cebollines picados
2 cucharaditas de fécula de maíz
½ taza de consomé de pollo con poca sal
2 cucharaditas de salsa de soya baja en sodio (opcional)

Prepare el arroz de acuerdo con las instrucciones de la envoltura.

Rocíe una sartén grande con aceite en aerosol. Agregue el pollo; sofría a fuego medio-alto hasta que el pollo pierda su color rosado en el centro. Retírelo. Vuelva a rociar la sartén con aceite. Añada los champiñones, los tirabeques, las castañas y la cebolla; sofría hasta que se suavicen. Revuelva la fécula de maíz, el consomé de pollo y la salsa de soya en un recipiente pequeño. Regrese el pollo a la sartén. Vierta la mezcla de fécula de maíz y cueza hasta que la salsa se espese. Sirva sobre arroz caliente.

Rinde 4 porciones

Bistro en una Olla

2 cucharaditas de aceite de oliva extra virgen
225 a 450 g de pollo, deshuesado y sin piel, en trozos chicos
½ taza de chalote picado
2 dientes grandes de ajo rebanados
2 tazas de poro (puerro) completo picado, lavado y escurrido
1½ tazas de zanahorias baby, cortadas horizontalmente en cuartos
1 taza de papas (patatas) nuevas, en rebanadas delgadas
3 a 4 cucharaditas de ralladura de cáscara de limón
2 cucharadas de estragón seco
1 taza de queso Jarlsberg, rallado
1 taza de chícharos (guisantes) descongelados (opcional)
Perejil fresco picado para adornar

En un wok o en una sartén grande con tapa, caliente el aceite de oliva a fuego alto hasta que casi humee. Sofría el pollo, los chalotes y el ajo. Transfiera a un recipiente. Agregue los poros al wok y sofría durante 3 minutos. Añada a la mezcla de pollo. Incorpore las zanahorias, las papas, la ralladura y el estragón al wok; sofría por 5 minutos. Agregue la mezcla de pollo al wok. Vierta ½ taza de agua y revuelva rápidamente. Tape bien y cueza al vapor durante 5 minutos. (Vierta más agua si es necesario.)   *Rinde de 4 a 6 porciones*

Sugerencia para Servir: Sirva con ensalada verde y pan de masa ligeramente fermentada.

Sofrito de Pasta con Pollo y Verduras

180 g de pasta pelo de ángel, partida en tercios (unas 3 tazas)
¼ de taza de salsa de pimienta de Cayena
3 cucharadas de salsa de soya
2 cucharaditas de fécula de maíz
1 cucharada de azúcar
½ cucharadita de ajo en polvo
450 g de pechugas de pollo, deshuesadas y sin piel, en cubos de 2 cm
1 paquete (450 g) de verduras para sofreír congeladas

1. Cueza la pasta en agua hirviente hasta que tenga una consistencia suave. Escurra. Combine la salsa, *¼ de taza de agua,* la salsa de soya, la fécula de maíz, el azúcar y el ajo en polvo en un recipiente pequeño.

2. Caliente *1 cucharadita de aceite* en una sartén grande a fuego alto. Sofría el pollo durante 3 minutos. Agregue las verduras; sofría por 3 minutos o hasta que se cuezan. Vierta la mezcla de salsa. Ponga a hervir. Reduzca el fuego a medio-bajo. Cueza y revuelva de 1 a 2 minutos o hasta que la salsa se espese.

3. Añada la pasta a la sartén y revuelva. Sirva caliente.   *Rinde 4 porciones*

Tiempo de Preparación: 5 minutos
Tiempo de Cocción: 15 minutos

183

Pad Thai

225 g de tallarín de arroz (de 0.3 cm de ancho) sin cocer
2 cucharadas de vinagre de vino de arroz
1½ cucharadas de salsa de pescado*
1 a 2 cucharadas de jugo de limón
1 cucharada de salsa catsup
2 cucharaditas de azúcar
¼ de cucharadita de hojuelas de pimienta roja
1 cucharada de aceite vegetal
120 g de pechugas de pollo, deshuesadas y sin piel, finamente picadas
2 cebollines, en rebanadas delgadas
2 dientes de ajo picados
2 tazas de germinado de soya
90 g de camarón pequeño, pelado
1 zanahoria mediana rallada
3 cucharadas de cilantro fresco picado
2 cucharadas de maníes tostados, sin sal y picados

*La salsa de pescado se puede encontrar en la mayoría de los supermercados grandes y en tiendas asiáticas.

1. Coloque la pasta en un recipiente mediano. Cubra con agua y deje reposar durante 30 minutos o hasta que se suavice. Escúrrala. Bata el vinagre, la salsa de pescado, el jugo de limón, la salsa catsup, el azúcar y la pimienta en un recipiente pequeño.

2. Caliente el aceite en un wok o en una sartén antiadherente grande a fuego medio-alto. Agregue el pollo, el cebollín y el ajo. Fría hasta que el pollo pierda su color rosado. Añada la pasta; cueza por 1 minuto. Incorpore el germinado y el camarón; cueza hasta que el camarón se torne opaco, durante unos 3 minutos. Fría con la salsa de pescado; revuelva bien. Cueza hasta que se caliente bien, por unos 2 minutos.

3. Acomode la mezcla de pasta en un platón; espolvoree con la zanahoria, el cilantro y el maní. Adorne con gajos de limón, de tomate y cilantro fresco adicional, si lo desea.

Rinde 5 porciones

Pad Thai

Pollo Almendrado

1½ tazas de agua
4 cucharadas de jerez seco
4½ cucharaditas más 1 cucharada de fécula de maíz
4 cucharaditas de salsa de soya
1 cucharadita de consomé de pollo instantáneo
1 clara de huevo
½ cucharadita de sal
4 pechugas de pollo enteras, deshuesadas y sin piel, en trozos de 2.5 cm
Aceite vegetal para freír
½ taza de almendras enteras blanqueadas (unos 90 g)
1 zanahoria grande picada
1 cucharadita de jengibre fresco picado
6 cebollines, en trozos de 2.5 cm
3 tallos de apio, en trozos diagonales de 1.5 cm
8 champiñones frescos rebanados
½ taza de brotes de bambú rebanados (½ lata de 225 g), escurridos

186

1. Combine el agua, 2 cucharadas de jerez, 4½ cucharaditas de fécula de maíz, la salsa de soya y el consomé en una olla pequeña. Cueza a fuego medio hasta que la mezcla hierva y se espese, por unos 5 minutos. Mantenga caliente.

2. Revuelva el jerez restante, 1 cucharada de fécula de maíz, la clara de huevo y la sal en un recipiente mediano. Agregue el pollo y tape bien.

3. Caliente el aceite en un wok o en una sartén grande a 190 °C. Añada la mitad del pollo, una pieza a la vez, y cueza de 3 a 5 minutos o hasta que se haya dorado ligeramente y pierda su color rosado. Escurra sobre toallas de papel. Repita con el resto de las piezas de pollo.

4. Retire el aceite del wok, excepto 2 cucharadas. Incorpore las almendras; sofría por unos 2 minutos; retírelas y escúrralas. Agregue las zanahorias y el jengibre; sofría durante 1 minuto. Añada el resto de los ingredientes; sofría hasta que estén listos, por unos 3 minutos. Agregue el pollo, las almendras y la salsa; cueza hasta que se caliente bien.

Rinde de 4 a 6 porciones

Pollo Almendrado

Pollo con Arroz Frito Shanghai

4 pechugas de pollo, deshuesadas y sin piel, congeladas
2 tazas de arroz instantáneo
1 cucharada de aceite de maní
1 cucharadita de jengibre rallado o ¼ **de cucharadita de jengibre molido**
1 paquete (450 g) de verduras para sofreír congeladas
¼ de taza de salsa teriyaki light
¼ de taza de cebollín picado

PREPARAR: LIMPIAR: Lávese las manos. Quite el plástico protector del pollo sosteniéndolo bajo el chorro de agua de 1 a 2 minutos. Corte el pollo en trozos de 2.5 cm. LIMPIAR: Lávese las manos.

COCINAR: Caliente el aceite y el jengibre en una sartén antiadherente grande; agregue el pollo. Cueza a fuego medio-alto hasta que se dore y sus jugos estén claros. (O inserte un termómetro en la parte más gruesa de la carne; la temperatura debe ser de 76 °C.) Añada las verduras. Cueza de acuerdo con las instrucciones de la envoltura. Mientras tanto, prepare el arroz como se indica en la envoltura. Cuando las verduras estén listas, agregue el arroz y la salsa teriyaki. Cueza hasta que se caliente bien. Espolvoree con cebolla.

SERVIR: Sirva con rollos chinos o sopa agridulce caliente, si lo desea.

REFRIGERAR: Refrigere el sobrante inmediatamente.

Rinde 4 porciones

188

Tiempo de Preparación: 10 minutos
Tiempo de Cocción: 20 minutos

Sofrito Asiático de Pollo

2 cucharadas de fécula de maíz
450 g de filetes de pechuga de pollo, cortados en 4 trozos diagonales
1 cucharada de aceite de canola o maní
½ bolsa (450 g) de verduras asiáticas congeladas listas para cocinar
¼ de taza de marinada de teriyaki
½ taza de agua
Arroz cocido caliente

1. Coloque la fécula de maíz y las piezas de pollo en una bolsa de plástico; agite la bolsa para cubrir el pollo.

2. Caliente el aceite en una sartén antiadherente de 30 cm a fuego medio-alto. Agregue las verduras; sofría hasta que se suavicen, de 4 a 5 minutos.

3. Empuje las verduras hacia un lado de la sartén. Añada las piezas de pollo; sofríalas hasta que pierdan su color rosado, por unos 4 minutos.

4. Vierta la marinada y el agua; ponga a hervir, revolviendo constantemente, hasta que la salsa espese.

5. Sirva de inmediato sobre arroz cocido caliente.   *Rinde 6 porciones*

Rápido Sofrito de Pollo

4 pechugas de pollo, deshuesadas y sin piel
6 tazas de arroz con sabor a pollo con hierbas
1 diente de ajo picado
1 paquete (285 g) de brócoli, ejotes (judías verdes), champiñones y pimientos rojos congelados
1 cebolla mediana, en gajos
⅓ de taza de zanahorias ralladas
½ taza de salsa hoisin embotellada

PREPARAR: LIMPIAR: Lávese las manos. Corte el pollo en trozos de 2 cm. LIMPIAR: Lávese las manos.

COCINAR: Rocíe una sartén antiadherente grande con aceite en aerosol. Caliente a fuego medio-alto. Agregue el pollo y el ajo; sofría durante 4 minutos. Añada las verduras congeladas, la cebolla y las zanahorias; sofría por 3 minutos. Tape y cueza de 3 a 5 minutos o hasta que las verduras estén cocidas y los jugos internos estén claros. (O inserte un termómetro para carne de lectura instantánea en la parte más gruesa del pollo; la temperatura debe ser de 76 °C.) Vierta la salsa hoisin. Caliente bien.

SIRVA: Sirva el pollo y las verduras sobre arroz cocido caliente. Adorne con cilantro fresco, si lo desea.

REFRIGERAR: Refrigere el sobrante inmediatamente.   *Rinde 6 porciones*

Tiempo de Preparación: 10 minutos
Tiempo de Cocción: 12 minutos

189

Pollo con Nuez de la India

285 g de pechugas de pollo, deshuesadas y sin piel, en trozos de 2.5×1.5 cm
1 cucharada de fécula de maíz
1 cucharada de vino blanco seco
1 cucharada de salsa de soya baja en sodio
½ cucharadita de ajo en polvo
1 cucharadita de aceite vegetal
6 cebollines, en trozos de 2.5 cm
2 tazas de champiñones rebanados
1 pimiento morrón rojo o verde, en rebanadas delgadas
1 lata (180 g) de castañas de agua, rebanadas, escurridas y enjuagadas
2 cucharadas de salsa hoisin (opcional)
2 tazas de arroz blanco cocido
¼ de taza de nuez de la India tostada

1. Coloque el pollo en una bolsa grande de plástico con cierre. Mezcle la fécula de maíz, el vino, la salsa de soya y el ajo en polvo en un recipiente pequeño hasta que se incorporen. Vierta sobre el pollo. Cierre la bolsa; voltee para bañar el pollo. Marine en el refrigerador durante 1 hora. Escurra el pollo y deseche la marinada.

2. Caliente el aceite en un wok o en una sartén grande a fuego medio-alto. Agregue la cebolla; sofría por 1 minuto. Añada el pollo; sofría durante 2 minutos o hasta que se dore. Incorpore los champiñones, los pimientos y las castañas; sofría por 3 minutos o hasta que las verduras estén cocidas y el pollo pierda su color rosado en el centro. Vierta la salsa hoisin; sofría durante 1 minuto o hasta que se caliente bien.

3. Sirva el pollo y las verduras sobre el arroz. Corone con la nuez de la India. Sirva inmediatamente.

Rinde 4 porciones

190

Ayuda

La salsa hoisin es una salsa china tradicional elaborada con pasta de soya, ajo, chile, vinagre, azúcar y especias. La salsa es dulce y un poco condimentada. El sobrante de la salsa debe guardarse en un frasco dentro del refrigerador; así se mantiene indefinidamente.

Espagueti Santa Fe

225 g de espagueti delgado sin cocer
1 cucharada de aceite vegetal
360 g de pollo o pavo, deshuesado, en tiras
1½ cucharaditas de ajo picado
1 cucharadita de comino molido
1 cucharadita de cilantro molido
¼ de cucharadita de sal
⅛ de cucharadita de pimienta negra
1 paquete (450 g) de pimientos y cebollas en tiras para sofreír, descongelados
1½ tazas de salsa picante
½ taza de crema agria
1½ cucharaditas de fécula de maíz
1 cucharada de cilantro o perejil fresco picado

1. Cueza el espagueti de acuerdo con las instrucciones de la envoltura.

2. Caliente el aceite en una sartén grande a fuego medio-alto. Agregue el pollo y el ajo. Espolvoree el comino, el cilantro, la sal y la pimienta; sofría durante 2 minutos.

3. Añada los pimientos, la cebolla y la salsa; cueza a fuego medio por 4 minutos. Combine la crema y la fécula de maíz en un recipiente pequeño. Vierta en la mezcla de pollo; cueza de 2 a 3 minutos o hasta que la salsa se espese y el pollo pierda su color rosado en el centro; revuelva ocasionalmente.

4. Escurra el espagueti y sirva en cuatro platos individuales. Corone con la mezcla de pollo; espolvoree con cilantro.
Rinde 4 porciones

Tiempo de Preparación y Cocción: 20 minutos

Espagueti Santa Fe

Pollo con Nueces

1 taza de arroz instantáneo sin cocer
½ taza de consomé de pollo
¼ de taza de salsa china de ciruela
2 cucharadas de salsa de soya
2 cucharaditas de fécula de maíz
2 cucharadas de aceite vegetal
3 tazas de pimientos y cebolla congelados
450 g de pechugas de pollo, deshuesadas y sin piel, en rebanadas de 0.6 cm
1 diente de ajo picado
1 taza de mitades de nuez

1. Cueza el arroz de acuerdo con las instrucciones de la envoltura.

2. Combine el consomé, la salsa de ciruela, la salsa de soya y la fécula de maíz.

3. Caliente 1 cucharada de aceite en un wok o en una sartén grande a fuego medio-alto. Agregue los pimientos y la cebolla congelados; sofría durante 3 minutos o hasta que estén listos. Retire las verduras del wok. Escurra y deseche el líquido.

4. Caliente el aceite restante en el mismo wok. Añada el pollo y el ajo; sofría por 3 minutos o hasta que el pollo pierda su color rosado.

5. Revuelva la mezcla de consomé y vierta en el wok. Cueza durante 1 minuto o hasta que la salsa se espese. Incorpore las verduras y la nuez; cueza por 1 minuto más. Sirva con arroz.

Rinde 4 porciones

Más Ligero: Para reducir el sodio, utilice consomé de pollo con poca sal y salsa de soya baja en sodio. Omita o reduzca la sal cuando prepare el arroz.

Tiempo de Preparación y Cocción: 19 minutos

Ayuda

La salsa de ciruela es una salsa asiática espesa elaborada con ciruela y, a veces, con chabacano, vinagre, chile y especias. Una vez abierta, durará hasta un año en un frasco bien cerrado dentro del refrigerador.

194

Pollo y Brócoli Sofrito con Maní

1½ tazas de consomé de pollo con poca sal
2 cucharadas de salsa de soya baja en sodio
1½ cucharadas de fécula de maíz
½ cucharadita de sal
¼ de cucharadita de jengibre molido
¼ de cucharadita de ajo en polvo
Aceite en aerosol
½ cucharadita de aceite vegetal
450 g de pechugas de pollo, deshuesadas y sin piel, en tiras de 5X0.5 cm
1 taza de floretes de brócoli pequeños
1 taza de pimiento morrón rojo en tiras
¼ de taza de maníes tostados sin sal, picados

1. Combine 1 taza de consomé de pollo, la salsa de soya, la fécula de maíz, la sal, el jengibre y el ajo en polvo en un recipiente pequeño. Bata hasta que se incorporen.

2. Cubra ligeramente un wok con aceite en aerosol; caliente a fuego alto. Agregue el aceite; ladee para cubrir todo el wok. Añada el pollo; sofría durante 2 minutos o hasta que pierda su color rosado. Retire el pollo del wok.

3. Vierta el consomé restante al wok y ponga a hervir. Incorpore el brócoli y el pimiento; vuelva a hervir. Reduzca el fuego; tape y cueza por 2 minutos o hasta que el brócoli esté listo.

4. Aumente el fuego a alto. Agregue el pollo. Revuelva la mezcla de fécula de maíz y vierta en el wok. Ponga a hervir; hierva de 1 a 2 minutos o hasta que se espese. Añada los maníes.

Rinde 4 porciones (de 1 taza cada una)

195

Se puede reducir la grasa usando menos aceite al sofreír. Esta receta utiliza la técnica de cubrir ligeramente el wok con aceite en aerosol, calentarlo y luego agregar el aceite. La capa de aceite rociado permite que una pequeña cantidad de aceite se adhiera al wok.

Rápido Sofrito de Res

SALSA
½ **taza de salsa inglesa**
½ **taza de agua**
2 **cucharadas de azúcar**
2 **cucharaditas de fécula de maíz**
½ **cucharadita de jengibre molido**
½ **cucharadita de ajo en polvo**

SOFRITO
450 g **de bistec de res, en rebanadas delgadas**
3 **tazas de pimientos rebanados**

1. Combine los ingredientes para la salsa. Marine la carne en ¼ de taza de la salsa durante 5 minutos. Caliente 1 cucharada de aceite en una sartén grande o en un wok a fuego alto. Sofría la carne en tandas por 5 minutos o hasta que se dore.

2. Añada los pimientos y fría durante 2 minutos. Agregue el resto de la salsa; sofría hasta que la salsa se espese. Sirva sobre arroz cocido caliente o tallarines ramen, si lo desea.

Rinde 4 porciones

Tiempo de Preparación: 10 minutos
Tiempo de Cocción: 10 minutos

196

Ayuda

Sofreír es un método para cocinar en el que las piezas de carne y las verduras se cuecen a fuego alto. Para asegurar una cocción uniforme y evitar que se quemen, la carne y las verduras se deben revolver constantemente. Es importante preparar todos los ingredientes antes de empezar a cocinar.

Sofrito de Res con Cinco Especias

450 g de fajitas de sirloin de res
2 cucharadas de salsa de soya baja en sodio
2 cucharadas más 1½ cucharaditas de fécula de maíz
3 cucharadas de aceite vegetal o de nuez
4 zanahorias medianas, en trozos chicos (unas 2 tazas)
1 pimiento morrón rojo, en trozos
1 pimiento morrón amarillo, en trozos
1 taza de cebolla picada
¼ a ½ cucharadita de hojuelas de pimienta roja
1 cucharada más 1½ cucharaditas de azúcar morena
2 cucharaditas de consomé de res instantáneo
1 cucharadita de cinco especias chinas en polvo
3 tazas de arroz cocido caliente
½ taza de maníes tostados con miel

1. Coloque la carne en un refractario poco profundo. Combine la salsa de soya y 2 cucharadas de fécula de maíz en un recipiente pequeño. Vierta la mezcla de salsa de soya sobre la carne; voltee para cubrirla completamente.

2. Mientras tanto, agregue 1 cucharada de aceite a una sartén grande o a un wok. Caliente a fuego alto durante 1 minuto. Agregue las zanahorias. Sofría de 3 a 4 minutos o hasta que las orillas empiecen a dorarse. Retire las zanahorias.

3. Reduzca el fuego a medio-alto. Añada 1 cucharada de aceite, los pimientos, la cebolla y la pimienta; sofría durante 4 minutos o hasta que la cebolla esté translúcida. Retire las verduras; no las junte con las zanahorias.

4. Vierta el aceite restante en la sartén. Agregue la carne; sofría durante 6 minutos.

5. Mientras tanto, en un recipiente pequeño, revuelva 1½ tazas de agua con el azúcar morena, el consomé, las cinco especias en polvo y la fécula de maíz restante. Mueva para que se incorporen.

6. Aumente el fuego a alto. Agregue la mezcla de consomé, los pimientos y la cebolla; ponga a hervir. Cueza de 2 a 3 minutos o hasta que se espese un poco.

7. Revuelva el arroz con las zanahorias; coloque sobre un platón. Sirva la mezcla de carne sobre el arroz y espolvoree los maníes sobre la mezcla de res. *Rinde 4 porciones*

Sofrito de Res con Dijon-Miel y Verduras

⅔ de taza de salsa catsup
2 cucharadas de mostaza Dijon con miel
1 cucharada de salsa de soya
450 g de fajitas de sirloin de res
1 pimiento morrón rojo, en tiras delgadas
1 cebolla, en gajos delgados
2 tazas de floretes de brócoli
Arroz cocido caliente

En un recipiente pequeño, combine la catsup, ⅓ de taza de agua, la mostaza y la salsa de soya. En una sartén antiadherente grande y caliente, dore la carne con rapidez y retire. Fría el pimiento, la cebolla y el brócoli, revolviendo constantemente, por unos 4 minutos, hasta que estén cocidos. Regrese la carne a la sartén y vierta la mezcla de salsa catsup; caliente. Sirva con arroz.

Rinde 4 porciones

Cerdo Cantonés Agridulce

1 huevo, bien batido
1 cucharada de fécula de maíz
1 cucharada de harina de trigo
450 g de carne de cerdo, sin hueso, en trozos de 2.5 cm
3 tazas de aceite vegetal
1 cucharadita de ajo fresco picado
1 cucharadita de jengibre fresco picado
1 pimiento morrón verde, en trozos de 2.5 cm
1 cebolla, en trozos
1 lata (225 g) de brotes de bambú, escurridos
1 lata (225 g) de castañas de agua rebanadas, escurridas
2 frascos (285 g) de salsa agridulce
2 cucharaditas de salsa de soya
Arroz cocido caliente
1 lata (150 g) de tallarines chow mein

En un recipiente mediano, combine el huevo, la fécula de maíz y la harina. Agregue la carne y revuelva. En una olla grande, caliente el aceite a 180 °C. Con cuidado, añada la carne, unos trozos a la vez; fría durante 3 minutos. Retire la carne del aceite; escurra sobre toallas de papel. Deje reposar por 5 minutos. Mientras tanto, repita el procedimiento con los trozos de carne restantes. Regrese la carne al aceite caliente; continúe friendo hasta que se dore. Retire del aceite; escurra otra vez. Retire todo el aceite de la olla, excepto 2 cucharadas. Agregue el ajo y el jengibre; sofría durante 30 segundos. Incorpore el pimiento y la cebolla; sofría por 2 minutos o hasta que estén listos. Añada todos los ingredientes, excepto el arroz y los tallarines; deje hervir. Regrese la carne a la olla y caliente bien; revuelva ocasionalmente. Sirva sobre el arroz. Incorpore los tallarines.   *Rinde de 4 a 6 porciones*

Sofrito de Res con Brócoli

    ½ taza de caldo de res
    4 cucharadas de jerez
    2 cucharadas de salsa de soya
    1 cucharada de fécula de maíz
    1 cucharadita de azúcar
    2 cucharadas de aceite vegetal
    2 tazas de floretes de brócoli fresco
    1 taza de tirabeques frescos
    1 pimiento morrón rojo, en tiras
450 g de sirloin sin hueso, ligeramente congelado, en tiras delgadas
    1 diente de ajo picado
    4 tazas de arroz cocido caliente

1. Para preparar la salsa, combine el caldo, 2 cucharadas de jerez, la salsa de soya, la fécula de maíz y el azúcar en un recipiente pequeño. En una sartén grande o en un wok, caliente 1 cucharada de aceite. Sofría el brócoli, los tirabeques y el pimiento durante 1 minuto. Agregue el jerez restante.

2. Tape y cueza de 1 a 2 minutos. Retire de la sartén. Caliente el aceite restante; añada la carne y el ajo. Sofría por 5 minutos o hasta que la carne se dore. Vierta la salsa; cueza de 2 a 3 minutos o hasta que se espese; revuelva a menudo. Incorpore las verduras y caliente bien. Sirva sobre arroz cocido.   *Rinde 4 porciones*

201

Fajitas a la Naranja

2 cucharadas de salsa de soya
3 cucharaditas de fécula de maíz
1½ cucharaditas de aceite de ajonjolí (sésamo)
1 clara de huevo
1 bistec pequeño de res, en fajitas (unos 450 g)
1 cucharada de azúcar, de jerez seco y de vinagre blanco
2 tazas de aceite vegetal
4 zanahorias medianas, en tiras julianas
2 cucharadas de cáscara de naranja en tiras
4 cebollas de cambray en rodajas
2 a 3 chiles jalapeños,* en tiras
2 dientes de ajo picados

*Los chiles jalapeños pueden irritar la piel; utilice guantes de hule cuando los maneje y no se toque los ojos. Lávese las manos después de trabajar con ellos.

202

1. Bata 1 cucharada de salsa de soya, 1 cucharadita de fécula de maíz, el aceite de ajonjolí y la clara de huevo. Agregue la carne y revuelva bien. Deje marinar mientras prepara las verduras. Combine el azúcar, el jerez, el vinagre, la salsa de soya restante y 2 cucharaditas de fécula de maíz en un recipiente pequeño. Caliente el aceite vegetal en un wok a fuego medio-alto hasta que el termómetro para freír registe 190 °C. Agregue las zanahorias; fríalas por unos 3 minutos o hasta que estén listas. Retírelas y colóquelas en un colador sobre un recipiente. Vuelva a calentar el aceite y fría la cáscara de naranja durante unos 15 segundos o hasta que suelte su aroma. Escurra sobre toallas de papel.

2. Para freír la carne otra vez,** añádala al wok; fríala por 1 minuto o hasta que adquiera un color claro. Colóquela en un colador sobre un recipiente grande. Vuelva a calentar el aceite a 190 °C. Ponga ⅓ de la carne escurrida en el aceite y fríala durante unos 3 minutos o hasta que se dore. Transfiérala al colador con las zanahorias. Repita esto con el resto de la carne en dos tandas; recaliente el aceite para mantener la temperatura. Retire todo el aceite del wok. Recaliente el wok a fuego medio-alto. Incorpore la cebolla, los chiles y el ajo; sofría durante 30 segundos. Vierta la mezcla de fécula de maíz al wok. Fría hasta que la salsa se espese. Agregue la carne, la zanahoria y la cáscara de naranja; sofría hasta que se haya calentado.

Rinde 4 porciones

**Esta técnica ayuda a mantener la carne jugosa por dentro y dorada por fuera. La primera vez que se fríe "sella" los jugos, mientras que la segunda cuece la carne hasta dorarla.

Res a la Naranja con Brócoli

450 g de carne magra de res, sin hueso, en rebanadas de 2.5 cm
½ taza de jugo de naranja
2 cucharaditas de salsa de soya baja en sodio
1 cucharadita de azúcar
3 cucharaditas de aceite vegetal
340 g de brócoli poco picado
1 taza de zanahorias, en rebanadas diagonales
½ taza de pimiento morrón rojo, en rebanadas delgadas
1 cebollín, en rebanadas diagonales
¾ de taza de agua fría
2 cucharaditas de fécula de maíz
1 cucharada de ralladura de cáscara de naranja
180 g de tallarines anchos sin huevo, sin cocer

1. Corte la carne a lo largo de la fibra, en rebanadas de 0.3 cm; colóquelas en un refractario. Agregue el jugo de naranja, la salsa de soya y el azúcar; revuelva bien para bañar la carne. Deje reposar durante 30 minutos, o cubra y refrigere por toda la noche.

2. Caliente 2 cucharaditas de aceite en una sartén antiadherente grande o en un wok a fuego medio-alto. Añada el brócoli, la zanahoria, el pimiento y el cebollín; fría durante 2 minutos. Coloque las verduras en un recipiente grande.

3. Escurra la carne y reserve la marinada. Caliente el aceite restante en la misma sartén a fuego medio-alto. Incorpore la carne a la sartén y fría de 1 a 2 minutos o hasta que pierda su color rosado. Agregue las verduras y la marinada reservada; ponga a hervir. Mezcle el agua con la fécula de maíz hasta que se uniforme; vierta en la sartén. Cueza hasta que se espese; revuelva constantemente. Espolvoree con la ralladura.

4. Cueza los tallarines de acuerdo con las instrucciones de la envoltura; omita la sal. Coloque la mezcla de carne sobre los tallarines y sirva inmediatamente.   *Rinde 4 porciones*

Res a la Naranja con Brócoli

Res y Verduras Sofritos

⅔ de taza de caldo de res
2 cucharadas de salsa de soya
Pizca de canela molida
¼ de cucharadita de pimienta negra recién molida
2 cucharaditas de fécula de maíz
2 cucharadas de agua fría
3 cucharadas de aceite vegetal*
1 cucharada de jengibre fresco picado
2 cucharaditas de ajo picado o 1 diente grande de ajo, pelado y picado
450 g de carne de res sin grasa, como el sirloin, en rebanadas de 0.5 cm de grosor
1 zanahoria, pelada y en rebanadas delgadas
1 manojo de cebollas de cambray, en trozos de 2.5 cm
125 g de tirabeques (vainas), enjuagados y con las orillas cortadas

1. Combine el caldo, la salsa de soya, la canela y la pimienta en un recipiente pequeño. Mezcle la fécula de maíz y el agua en un recipiente pequeño. Revuelva hasta que se disuelva.

2. Caliente el aceite en un wok o en una sartén grande a fuego medio-alto. Agregue el jengibre y el ajo. Sofría durante 30 segundos. Añada la carne, las zanahorias y las cebollas de cambray. Sofría por 3 minutos o hasta que la carne pierda su color rojo. Vierta la mezcla de caldo. Cueza durante 2 minutos. Incorpore los tirabeques. Cueza por 2 minutos o hasta que tengan un color verde brillante. Vacíe la mezcla de fécula de maíz. Cueza durante 1 minuto o hasta que se espese. Sirva inmediatamente. *Rinde 4 porciones*

Nota: Se pueden utilizar otras verduras en lugar de las especificadas. Puede usar floretes de brócoli o apio rebanado en lugar de zanahorias. El tiempo de cocción será el mismo. En lugar de las cebollas de cambray, se puede usar 1 cebolla mediana pelada y rebanada. Se pueden utilizar chícharos (guisantes) frescos o congelados en lugar de los tirabeques.

Consejo: En caso de utilizar caldo de res enlatado, vierta el sobrante en una charola para hacer hielos y congele. Una vez congelados, guárdelos en una bolsa de plástico bien cerrada. De ese modo tendrá algunas cucharadas de caldo para otras recetas.

Consejo: Es más fácil rebanar la carne si está ligeramente congelada. Envuelva la carne en una bolsa de plástico y congélela durante 15 minutos. Siempre corte la carne contra la fibra, a menos que la receta especifique lo contrario.

Tiempo de Preparación: 25 minutos
Tiempo Total: 35 minutos

Sofrito de Cerdo con Verduras

340 g de filete de cerdo
1 cucharada de aceite vegetal
1½ tazas (unos 180 g) de champiñones frescos rebanados
1 pimiento morrón verde grande, en tiras
1 calabacita, en rebanadas delgadas
2 tallos de apio, en rebanadas diagonales
1 taza de zanahoria, en rebanadas delgadas
1 diente de ajo picado
1 taza de consomé de pollo
2 cucharadas de salsa de soya baja en sodio
1½ cucharaditas de fécula de maíz
3 tazas de arroz cocido caliente

Corte la carne a lo largo de la fibra en tiras de 0.3 cm. Dórelas en una sartén grande a fuego medio-alto. Mueva la carne a un lado de la sartén. Agregue los champiñones, el pimiento, la calabacita, el apio, las zanahorias y el ajo; sofría por unos 3 minutos. Mezcle el consomé, la salsa de soya y la fécula de maíz. Agregue a la sartén y cueza; revuelva hasta que se espese. Cueza durante 1 minuto más. Sirva sobre el arroz.

Rinde 6 porciones

207

Ayuda

Las verduras para sofreír algunas veces se cortan diagonalmente. Esto aumenta la superficie que está en contacto con el aceite caliente y acorta el tiempo de cocción. El corte diagonal también es atractivo.

Res Cantonesa con Tomate

2 cucharadas de salsa de soya
2 cucharadas de aceite de ajonjolí (sésamo)
1 cucharada más 1 cucharadita de fécula de maíz
1 pieza pequeña de filete de res o de filete mignon (unos 450 g), sin grasa y en tiras de 5X0.5 cm
450 g de fideos chinos de trigo o 360 g de espagueti sin cocer
1 taza de caldo de res
2 cucharadas de azúcar morena
1 cucharada de vinagre de manzana
2 cucharadas de aceite vegetal
1 cucharada de jengibre fresco finamente picado
3 cebollas pequeñas (unos 210 g), en gajos
900 g de tomates rojos (5 grandes), descorazonados y en gajos
1 cebollín con la parte superior, en rebanadas diagonales delgadas

1. Combine la salsa de soya, 1 cucharada de aceite de ajonjolí y 1 cucharadita de fécula de maíz en un recipiente grande. Agregue las tiras de carne y revuelva bien. Deje marinar.

2. Cueza los fideos de acuerdo con las instrucciones de la envoltura, justo hasta que se suavice. Combine el caldo, el azúcar, la fécula de maíz restante y el vinagre en un recipiente pequeño.

3. Escurra los fideos cocidos en un colador y regrese a la olla. Agregue el aceite de ajonjolí restante y revuelva. Mantenga caliente.

4. Caliente un wok a fuego alto durante 1 minuto. Rocíe 1 cucharada de aceite y caliente durante 30 segundos. Añada el jengibre y sofría por unos 30 segundos o hasta que suelte su aroma. Incorpore la mezcla de carne y sofría durante 5 minutos o hasta que se dore un poco. Pase la carne a un recipiente. Reduzca el fuego a medio.

5. Agregue el aceite restante al wok. Añada la cebolla; fría y revuelva por unos 2 minutos o hasta que se marchite. Incorpore la mitad de los gajos de tomate. Revuelva la mezcla de caldo y vierta en el wok. Cueza hasta que el líquido hierva y se espese.

6. Regrese la carne y sus jugos al wok. Agregue el resto de los gajos de tomate; cueza hasta que se calienten bien. Coloque los fideos cocidos en un refractario poco profundo. Sirva la mezcla de carne sobre los fideos. Corone con el cebollín. *Rinde 4 porciones*

208

Res Cantonesa con Tomate

Sofrito Dragón Verde

2 cucharadas de aceite vegetal
450 g de carne de res, en rebanadas muy delgadas
1 manojo de espárragos o 225 g de ejotes (judías verdes), en trozos de 5 cm
1 pimiento morrón verde, en tiras
1 taza de zanahoria, en tiras julianas
3 cebollines rebanados
1 cucharada de jengibre fresco picado
1 diente de ajo picado
¼ de taza de agua
1 cucharada de salsa de soya
1 cucharada de salsa verde picante
½ cucharadita de sal
2 tazas de arroz cocido caliente (opcional)

210

Caliente 1 cucharada de aceite en una sartén de 30 cm a fuego medio-alto. Agregue la carne; fría hasta que se dore por ambos lados; revuelva frecuentemente. Con una cuchara ranurada, pase la carne a un platón.

Caliente el aceite restante en la sartén a fuego medio. Añada los espárragos, los pimientos, las zanahorias, el cebollín, el jengibre y el ajo; cueza por unos 3 minutos; revuelva a menudo. Incorpore el agua, la salsa de soya, la salsa picante, la sal y la carne; hierva a fuego alto.

Reduzca el fuego a bajo; cueza, sin tapar, durante 3 minutos; revuelva de vez en cuando. Sirva con arroz, si lo desea.

Rinde 4 porciones

Nota: Este guisado también es delicioso sobre fideos ramen o soba.

Sofrito Dragón Verde

Sofrito Jambalaya sobre Arroz Cajún

1¾ tazas de agua
1 taza de arroz vaporizado sin cocer
1 lata (450 g) de tomates rojos picados, sin escurrir
½ taza de apio finamente picado
2 cucharaditas de consomé de pollo instantáneo
1 hoja de laurel
225 g de salchicha italiana, en rodajas de 0.5 cm*
1½ tazas de cebolla picada
1 taza de pimiento morrón verde picado
225 g de camarones grandes crudos, pelados y desvenados
225 g de pechugas de pollo, deshuesadas y sin piel, en trozos de 2.5 cm
¾ de cucharadita de tomillo seco
¼ de taza de perejil fresco picado
1 cucharadita de sal
½ cucharadita de pimienta roja molida
½ cucharadita de pimentón
Salsa picante

*Si no encuentra salchicha italiana, utilice salchicha alemana.

1. Ponga a hervir el agua en una olla mediana. Agregue el arroz, los tomates con su jugo, el apio, el consomé de pollo y la hoja de laurel. Vuelva a hervir; reduzca el fuego; tape y cueza por 20 minutos o hasta que todo el líquido se haya absorbido. Retire y deseche la hoja de laurel.

2. Mientras tanto, caliente una sartén a fuego medio-alto durante 1 minuto. Añada la salchicha, la cebolla y el pimiento; cueza por 10 minutos.

3. Aumente el fuego a alto; incorpore el camarón, el pollo y el tomillo. Cueza durante 5 minutos. Agregue el perejil, la sal, la pimienta y el pimentón; revuelva bien.

4. Coloque el arroz en un platón. Sirva la mezcla de camarón sobre el arroz y sirva con salsa picante.

Rinde 4 porciones

Sofrito Jambalaya sobre Arroz Cajún

Sofrito de Res al Jengibre con Fideos

450 g de fajitas de res
½ taza de marinada tailandesa de jengibre con jugo de limón
1 cucharada de aceite vegetal
2 tazas de floretes de brócoli
1 pimiento morrón rojo picado
2 cucharadas de salsa de soya
1 cucharadita de fécula de maíz
1 cucharadita de ajo en polvo con perejil
1 paquete (210 g) de fideos soba (estilo japonés) preparados según las instrucciones de la envoltura

En una bolsa grande de plástico con cierre, combine la carne y la marinada; cierre la bolsa. Marine en el refrigerador durante 30 minutos por lo menos. En una sartén grande, caliente el aceite. Agregue el brócoli y los pimientos. Sofría a fuego alto por 2 minutos; retire del fuego. Retire la carne; deseche la marinada. En la misma sartén, cueza la carne a fuego alto de 5 a 7 minutos. En un recipiente pequeño, revuelva la salsa de soya, la fécula de maíz y el ajo en polvo con el perejil. Vierta en la carne; cueza a fuego medio hasta que la salsa se espese. Agregue el brócoli y el pimiento; caliente bien. Sirva sobre el fideo.   *Rinde 4 porciones*

214

Sugerencia para Servir: Sirva con galletas saladas de arroz.

Sugerencia: Puede sustituir los fideos por pasta vermicelli.

¿Lo sabía?

El marinado agrega sabor a la carne. Si la marinada contiene un ingrediente ácido, como jugo cítrico o vinagre, también suaviza la carne. Es mejor marinar la carne en el refrigerador que a temperatura ambiente.

Camarones con Cinco Especias y Nuez

450 g de camarones medianos o grandes, crudos, pelados y desvenados
½ cucharadita de cinco especias chinas en polvo
2 dientes de ajo picados
½ taza de consomé de pollo
2 cucharadas de salsa de soya
2 cucharadas de jerez seco
1 cucharada de fécula de maíz
1 cucharada de aceite de maní o vegetal
1 pimiento morrón rojo grande, en tiras cortas y delgadas
⅓ de taza de mitades o cuartos de nuez
Arroz cocido caliente (opcional)
¼ de taza de cebollines, en rebanadas delgadas (opcional)

1. Mezcle los camarones con las especias chinas y el ajo en un recipiente pequeño.

2. Revuelva el consomé, la salsa de soya y el jerez en la fécula de maíz en una taza, hasta obtener una consistencia homogénea.

3. Caliente un wok o una sartén grande a fuego medio-alto. Agregue el aceite y caliente. Incorpore la mezcla de camarones, el pimiento y la nuez; sofría de 3 a 5 minutos hasta que los camarones estén opacos y los pimientos se suavicen.

4. Vierta la mezcla de consomé en el wok. Sofría durante 1 minuto o hasta que la salsa hierva y se espese. Sirva sobre arroz, si lo desea. Adorne con cebollín.   *Rinde 4 porciones*

215

Las cinco especias en polvo es una mezcla de canela molida, clavos, anís estrella, hinojo, granos de pimienta Szechuan y, algunas veces, ingredientes adicionales. Se utiliza para agregar sabor a algunos platillos chinos. Se encuentra en supermercados grandes o asiáticos.

Camarón y Verduras al Ajo

2 cucharadas de mantequilla
1 cucharada de aceite de oliva
1 manojo de cebollines picados
1 pimiento morrón rojo picado
450 g de camarones grandes, pelados y desvenados
2 dientes de ajo picados
Jugo de 1 limón
Sal y pimienta al gusto
Fettuccine de espinaca cocido caliente (opcional)

1. Caliente la mantequilla y el aceite en un wok a fuego medio. Agregue el cebollín y los pimientos. Sofría durante 2 minutos o hasta que las verduras estén suaves.

2. Añada el camarón y el ajo; sofría por 2 minutos o hasta que el camarón se torne rosado.

3. Vierta el jugo de limón. Sazone con sal y pimienta. Sirva sobre fettuccine, si lo desea.

Rinde 4 porciones

216

¿Lo sabía?

El wok es comúnmente asociado con la técnica asiática china para sofreír; sin embargo, también se puede utilizar para sancochar, freír, hervir, ahumar y cocer al vapor. Cuando compre un wok para sofreír, elija uno de 40 cm para usar en estufa o uno eléctrico.

Sopa de Pollo con Tortilla

1 diente de ajo picado
420 ml de consomé de pollo
1 frasco (450 g) de salsa de tomate
2 cucharadas de salsa de pimienta de Cayena
1 paquete (285 g) de pechuga de pollo, cocida y picada
1 lata (250 g) de granos de maíz, escurridos
1 cucharada de cilantro fresco picado (opcional)
1 taza de totopos machacados
½ taza (60 g) de queso para fundir rallado

1. Caliente *1 cucharadita de aceite* en una olla a fuego medio-alto. Fría el ajo durante 1 minuto o hasta que se suavice. Agregue el consomé, *¾ taza de agua,* la salsa y la salsa picante. Añada el pollo, el maíz y el cilantro. Ponga a hervir. Reduzca el fuego a medio-bajo. Tape y cueza durante 5 minutos.

2. Corone con las tortillas y el queso. Sirva caliente.   *Rinde 4 porciones*

Tiempo de Preparación: 5 minutos
Tiempo de Cocción: 6 minutos

Sacúdase el frío de un día nublado con un delicioso tazón de humeante sopa casera. Agregue pan o una ensalada y tendrá una sencilla y completa comida.

Sopa de Pollo con Tortilla

Crema de Pollo con Arroz Salvaje

½ **taza de arroz salvaje sin cocer**
5 **tazas de consomé de pollo**
¼ **de taza de mantequilla**
1 **zanahoria grande, en rebanadas**
1 **cebolla mediana picada**
2 **tallos de apio picados**
125 g **de champiñones frescos rebanados**
2 **cucharadas de harina de trigo**
¼ **de cucharadita de sal**
¼ **de cucharadita de pimienta blanca**
1½ **tazas de pollo cocido picado**
¼ **de taza de jerez**

1. Enjuague el arroz muy bien a través de un colador bajo el chorro de agua fría; escúrralo.

2. Combine 2½ tazas de consomé y el arroz en una olla de 2 litros de capacidad. Ponga a hervir a fuego medio-alto. Reduzca el fuego a bajo; tape y cueza de 45 a 50 minutos o hasta que se cueza el arroz. Escúrralo.

3. Derrita la mantequilla en una olla de 3 litros de capacidad a fuego medio. Agregue la zanahoria y fría durante 3 minutos. Añada la cebolla, el apio y los champiñones; fría de 3 a 4 minutos o hasta que las verduras estén listas. Retire del fuego. Bata con la harina, la sal y la pimienta hasta que se incorporen.

4. De manera gradual, agregue 2½ tazas de consomé. Ponga a hervir a fuego medio; hierva por 1 minuto o hasta que se espese. Agregue el pollo y el jerez. Reduzca el fuego a bajo y cueza durante 3 minutos, sin tapar, o hasta que esté caliente.

5. Sirva ¼ de taza de arroz cocido en cada plato. Vierta la sopa sobre el arroz.

Rinde de 4 a 6 porciones

Crema de Pollo con Arroz Salvaje

Sopa de Pollo Mexicali

1 paquete (40 g) de sazonador para taco
360 g de muslos de pollo, deshuesados y sin piel
Aceite en aerosol
2 latas (de 420 g cada una) de tomates con cebolla, apio y pimientos verdes
1 paquete (250 g) de ejotes (judías verdes) congelados
1 paquete (285 g) de maíz congelado
1 taza de consomé de pollo
4 tazas de totopos

1. Coloque la mitad del sazonador en un recipiente pequeño. Corte el pollo en trozos de 2.5 cm; cubra con el sazonador.

2. Cubra una sartén antiadherente grande con aceite en aerosol. Fría el pollo durante 5 minutos a fuego medio. Agregue los tomates, los ejotes, el maíz, el consomé y el resto del sazonador; ponga a hervir. Reduzca el fuego a medio-bajo; cueza por 10 minutos. Corone con tiras de tortilla antes de servir.

Rinde 4 porciones

Sugerencia para Servir: Sirva la sopa con nachos. Coloque totopos sobre un plato, agregue salsa y espolvoree con queso. Caliéntelos hasta que el queso se derrita.

Sopa de Salsa de Maíz con Pollo

3 litros de consomé de pollo
1 kg de pechugas de pollo, deshuesadas y sin piel, cocidas y picadas
2 paquetes (de 360 g cada uno) de granos de maíz, descongelados
4 frascos (de 315 g cada uno) de salsa picante
4 zanahorias grandes picadas

Ponga a hervir el consomé en una olla grande. Agregue el pollo, el maíz, la salsa y la zanahoria. Deje hervir. Reduzca el fuego y cueza hasta que las zanahorias se hayan cocido.

Rinde 8 porciones

Sopa de Pollo Mexicali

Sopa de Pavo

> **2 cucharadas de mantequilla o margarina**
> **½ taza de zanahoria picada**
> **½ taza de apio picado**
> **½ taza de cebolla picada**
> **⅓ de taza de arroz sin cocer**
> **⅓ de taza de cebada**
> **840 ml de consomé de pollo**
> **½ cucharadita de tomillo seco**
> **2 tazas de pavo cocido picado**
> **1 paquete (285 g) de maíz descongelado**
> **½ taza de leche y crema a partes iguales**
> **Sal y pimienta**

1. Derrita la mantequilla en una sartén grande. Agregue la zanahoria, el apio y la cebolla; fría hasta que se suavice. Añada el arroz y la cebada; cueza durante 2 minutos. Incorpore el consomé y el tomillo; ponga a hervir. Reduzca el fuego a bajo y cueza de 20 a 25 minutos o hasta que el arroz y la cebada estén suaves. Agregue el pavo y el maíz; cueza por 5 minutos o hasta que se caliente bien. Vierta la leche con crema y caliente; no deje hervir. Sazone con sal y pimienta al gusto.

2. Sirva la sopa en tazones. Adorne, si lo desea.

Rinde 5 porciones

Sopa de Pollo con Tortellini

> **1½ litros de consomé de pollo**
> **1 paquete de pechugas de pollo estilo italiano, picadas**
> **1 paquete (250 g) de tortellini de queso o al pesto**
> **1 taza de espinaca fresca o arúgula, picada**
> **¼ a ½ taza de queso parmesano rallado**

En una olla grande, hierva el consomé a fuego medio-alto. Agregue el pollo y el tortellini; cueza de 6 a 8 minutos hasta que la pasta tenga una consistencia suave; reduzca el fuego para que hierva lentamente. Justo antes de servir, añada la espinaca. Sirva la sopa en tazones y espolvoree con queso parmesano.

Rinde 4 porciones

Tiempo de Preparación: 5 minutos
Tiempo de Cocción: 15 minutos

Camarones Louisiana y Gumbo de Pollo

3 cucharadas de aceite vegetal
¼ de taza de harina
2 cebollas medianas picadas
1 taza de apio picado
1 pimiento morrón verde grande, picados
2 dientes de ajo picados
3 tazas de consomé de pollo
1 lata (450 g) de tomates con su jugo, sin escurrir
1 paquete (285 g) de okra (quingombó) rebanado
1 hoja de laurel
1 cucharadita de salsa roja picante
365 g de pollo cocido deshebrado
250 g de camarón crudo, pelado y desvenado
Arroz cocido caliente

Caliente el aceite en una olla grande. Agregue la harina y cueza a fuego bajo hasta que la mezcla adquiera un color café oscuro y un aroma a nuez; revuelva frecuentemente. Añada la cebolla, el apio, el pimiento y el ajo; cueza durante 5 minutos o hasta que las verduras estén listas. De manera gradual, vierta el consomé. Incorpore los tomates con su jugo, la okra, la hoja de laurel y la salsa picante; ponga a hervir. Agregue el pollo y el camarón; cueza de 3 a 5 minutos o hasta que el camarón se torne rosado. Retire la hoja de laurel. Sirva con arroz.

Rinde 6 porciones

225

La okra es originaria del norte de África; es utilizada con frecuencia en la cocina criolla. Cuando se cocina, la okra adquiere una consistencia chiclosa que ayuda a espesar las sopas y los guisados, especialmente los gumbos.

Sopa de Pollo y Cebada

675 g de muslos de pollo, sin piel
2 tallos de apio medianos rebanados
2 zanahorias medianas, peladas y en rebanadas delgadas
1 poro (puerro) pequeño rebanado
6 tazas de agua fría
1½ cucharaditas de sal
½ cucharadita de mejorana seca
¼ de cucharadita de pimienta negra
¼ de cucharadita de salvia seca
1 manojo de hierbas finas
⅓ de taza de cebada de cocción rápida
3 tazas de espinaca fresca picada
¼ de pimiento morrón rojo pequeño, en tiras chicas
Sal y pimienta negra al gusto
Hojas de apio para adornar

226

Coloque el pollo, el apio, las zanahorias, el poro, el agua, la sal, la pimienta, la salvia y las hierbas en una olla de 5 litros de capacidad. Ponga a hervir. Reduzca el fuego y hierva, sin tapar, durante 45 minutos o hasta que se cueza el pollo.

Retire el pollo de la sopa y deje enfriar ligeramente. Retire las hierbas y deséchelas. Quite la espuma y la grasa de la sopa con una cuchara grande.

Agregue la cebada a la sopa; deje hervir. Reduzca el fuego y hierva, sin tapar, durante 10 minutos o hasta que la cebada se suavice. Mientras tanto, retire la carne de los huesos del pollo; deseche los huesos. Corte el pollo en trozos pequeños. Añada el pollo, la espinaca y el pimiento. Cueza por 5 minutos o hasta que la espinaca esté suave, el pollo cocido y el pimiento suave. Sazone con sal y pimienta negra adicional.   *Rinde 6 porciones*

Para formar su manojo, utilice cualquier combinación de hierbas y especias, como ramitas de perejil, de tomillo, pimienta en grano, clavos enteros, hojas de laurel y dientes de ajo. Envuelva en un trozo de manta de cielo y ate con hilo de algodón.

Sopa de Pollo y Cebada

Sopa de Ravioles

1 paquete (250 g) de ravioles o tortellini de queso, frescos o congelados
340 g de salchicha italiana desmoronada
1 lata (420 g) de tomates cocidos estilo italiano
420 ml de caldo de res
1 lata (420 g) de ejotes (judías verdes), escurridos
2 cebollines rebanados

1. Cueza la pasta de acuerdo con las instrucciones de la envoltura; escúrrala.

2. Mientras tanto, cueza la salchicha en una olla de 5 litros de capacidad, a fuego medio-alto, hasta que pierda su color rosado; escúrrala. Agregue los tomates sin escurrir, el caldo y 1¾ tazas de agua; deje hervir.

3. Reduzca el fuego a bajo y añada la pasta, los ejotes y el cebollín. Caliente bien. Sazone con pimienta y espolvoree con queso parmesano, si lo desea.   *Rinde 4 porciones*

Tiempo de Preparación y Cocción: 15 minutos

228

Rápida y Sencilla Sopa de Albóndigas

1 paquete (435 a 510 g) de albóndigas de salchicha italiana sin salsa, congeladas
2 latas (de unos 400 g cada una) de tomates cocidos estilo italiano
800 ml de consomé de res
1 lata (unos 400 g) de verduras mixtas
½ taza de macarrones pequeños o rotini sin cocer
½ cucharadita de orégano seco

1. Descongele las albóndigas en el microondas de acuerdo con las instrucciones de la envoltura.

2. Coloque el resto de los ingredientes en una olla grande. Agregue las albóndigas y ponga a hervir. Reduzca el fuego; tape y hierva por 15 minutos o hasta que se cueza la pasta.
Rinde de 4 a 6 porciones

Sopa de Ravioles

Rica Sopa de Pasta

450 g de salchicha italiana
1 lata (450 g) de tomates enteros, sin escurrir
225 g de champiñones frescos rebanados
1 cebolla grande picada
1 pimiento morrón verde pequeño, picado
2½ tazas de jugo de tomate
2½ tazas de agua
¼ de taza de perejil fresco picado
1 cucharadita de jugo de limón, de salsa inglesa y de semillas de apio
½ cucharadita de sal
½ cucharadita de tomillo seco
1 taza de fideos de huevo sin cocer

Desmorone la salchicha en una olla de 3 litros de capacidad. Dore a fuego medio-alto; revuelva ocasionalmente. Escurra la grasa. Agregue los tomates con su jugo, los champiñones, la cebolla y la pimienta; cueza hasta que las verduras estén suaves; revuelva bien para desbaratar los tomates. Añada el resto de los ingredientes, excepto los fideos. Ponga a hervir a fuego alto. Reduzca el fuego a bajo; tape y hierva durante 30 minutos. Incorpore los fideos; hierva hasta que estén cocidos, pero firmes. Sirva caliente. Refrigere el sobrante.

Rinde 6 porciones

Sugerencia para Servir: Sirva con pan francés tostado.

Sopa de Frijoles Negros con Verduras

1 paquete (400 g) de salchicha ahumada, en rebanadas de 1.5 cm
2 latas (de 450 g cada una) de verduras mixtas
2 latas (de 450 g cada una) de frijoles (judías) negros con especias
420 ml de consomé de pollo

En una olla grande, dore ligeramente la salchicha. Agregue las verduras, los frijoles y el consomé de pollo. Caliente y sirva inmediatamente. *Rinde de 4 a 6 porciones*

Rica Sopa de Pasta

Sopa de Papa con Queso

4 papas (patatas) (unos 675 g)
1 cebolla mediana rebanada
2 cucharadas de mantequilla
2 cucharadas de harina de trigo
1 cucharadita de consomé de res instantáneo
1 lata (360 ml) de leche evaporada
120 g de queso Brick, en cubos de 2.5 cm
1 cucharadita de perejil fresco picado
¾ de cucharadita de sal
¾ de cucharadita de pimienta negra
¾ de cucharadita de salsa inglesa

INSTRUCCIONES PARA MICROONDAS

Hornee las papas en el microondas a potencia ALTA hasta que se suavicen; deje enfriar. Coloque la cebolla y la mantequilla en un recipiente grande para microondas. Hornee a potencia ALTA hasta que se cuezan, por unos 2 minutos. Agregue la harina. Añada el consomé y 2 tazas de agua; revuelva bien. Hornee a potencia ALTA durante 2 minutos o hasta que esté caliente. Con una cuchara, saque trozos de papa; deseche la cáscara. Incorpore las papas, la leche, el queso y los sazonadores a la mezcla de cebolla. Hornee a potencia ALTA de 2½ a 4 minutos o hasta que el queso se haya derretido y la sopa esté caliente.

Rinde 6 porciones

232

Sopa Brasileña de Frijoles Negros

1 cebolla morada picada
2 dientes de ajo picados
1 lata (870 g) de frijoles (judías) negros, escurridos
420 ml de consomé de pollo o de caldo de verduras
3 cucharadas de salsa de pimienta de Cayena
2 cucharadas de cilantro picado
2 cucharaditas de comino molido
2 cucharadas de ron o jerez (opcional)

1. Caliente *1 cucharada de aceite* en una olla de 3 litros de capacidad. Fría la cebolla y el ajo durante 3 minutos o hasta que esté suave. Agregue *1½ tazas de agua* y el resto de los

ingredientes, excepto el ron. Ponga a hervir. Reduzca el fuego a medio-bajo. Cueza, parcialmente cubierto, durante 20 minutos o hasta que los sabores se mezclen; revuelva ocasionalmente.

2. Vierta la mitad de la sopa en la licuadora o en el procesador de alimentos. Tape bien. Procese a velocidad baja hasta que se incorpore. Regrese a la olla. Agregue el ron. Cueza a fuego medio-bajo durante 3 minutos o hasta que se haya calentado bien y los sabores se mezclen. Adorne con rebanadas de limón, crema agria, cebolla picada o cilantro, si lo desea.

Rinde de 4 a 6 porciones

Tiempo de Preparación: 10 minutos
Tiempo de Cocción: 30 minutos

Sopa de Carne y Frijoles del Oeste

1 taza de cebolla picada
1 cucharada de aceite vegetal
870 ml de consomé de pollo condensado
1 lata (420 g) de tomates, picados
1 taza de zanahorias rebanadas
⅓ de taza de salsa picante
3 cucharadas de azúcar morena
3 cucharadas de vinagre de manzana
2 cucharaditas de salsa inglesa
2 cucharaditas de mostaza
2 latas (440 g) de frijoles (judías) pintos, escurridos y enjuagados
1 lata (360 g) de carne horneada con especias, en cubos
2 cucharadas de perejil fresco picado

En una olla de 5 litros de capacidad, dore la cebolla en el aceite. Agregue el consomé de pollo, los tomates, las zanahorias, la salsa picante, el azúcar, el vinagre, la salsa inglesa y la mostaza. Machaque la mitad de los frijoles con un tenedor; añada los frijoles machacados y los enteros a la sopa. Mezcle bien y ponga a hervir. Tape. Reduzca el fuego y hierva durante 30 minutos o hasta que las zanahorias se hayan cocido. Incorpore la carne y el perejil. Cueza durante 2 minutos.

Rinde 6 porciones

233

Sopa de Chícharos

1 paquete (450 g) de chícharos (guisantes), verdes o amarillos, secos, partidos
450 g de jarrete ahumado de cerdo *o* 4 salchichas ahumadas, rebanadas y en cuartos *o*
1 pieza de jamón con hueso
7 tazas de agua
1 cebolla mediana picada
2 zanahorias medianas picadas
¾ de cucharadita de sal
½ cucharadita de albahaca seca
¼ de cucharadita de orégano seco
¼ de cucharadita de pimienta negra
Tiras de jamón y zanahoria para adornar

Enjuague los chícharos en un colador bajo el chorro de agua fría; retire la basura y los chícharos maltratados. Coloque los chícharos, la carne y el agua en una olla de 5 litros de capacidad.

234

Agregue la cebolla, las zanahorias, la sal, la albahaca, el orégano y la pimienta a la olla. Ponga a hervir a fuego alto. Reduzca el fuego a medio-bajo; hierva durante 1 hora y 15 minutos o hasta que los chícharos estén listos; revuelva de vez en cuando. Revuelva a menudo al final del tiempo de cocción para evitar que la sopa se queme.

Retire la carne y deje enfriar. Corte la carne en trozos pequeños.

Con cuidado, vierta 3 tazas de sopa caliente en el procesador de alimentos o en la licuadora; tape y procese hasta obtener una consistencia homogénea.

Regrese la sopa licuada y la carne a la olla. (Si la sopa está demasiado espesa, agregue un poco de agua hasta obtener la consistencia deseada.) Caliente bien. Sirva en platones. Adorne, si lo desea. *Rinde 6 porciones*

Los chícharos secos, verdes o amarillos, son una variedad especial: no es necesario remojarlos antes de cocinarlos.

Sopa de Chícharos

Sopa de Albóndigas Estilo Italiano

225 g de carne molida de res
125 g de salchicha italiana molida
⅓ de taza de pan finamente molido
1 huevo
1 cebolla grande finamente picada
½ cucharadita de sal
4 tazas de caldo de res
2 tazas de agua
1 lata (225 g) de tomates estofados
1 lata (225 g) de salsa para pizza
1 lata (440 g) de frijoles (judías) rojos, escurridos
2 tazas de col rebanada
2 zanahorias medianas rebanadas
½ taza de ejotes (judías verdes) congelados

236

1. Combine la carne, la salchicha, el pan, el huevo, 2 cucharadas de cebolla y la sal en un recipiente grande; mezcle con las manos. Forme 32 albóndigas (de 2.5 cm).

2. Dore la mitad de las albóndigas en una sartén grande a fuego medio; revuelva frecuentemente y agite la sartén para mantener redondas las albóndigas. Retire la sartén y escurra las albóndigas sobre toallas de papel. Repita con el resto de las albóndigas.

3. Caliente el caldo, el agua, los tomates y la salsa para pizza en una olla de 5 litros de capacidad a fuego alto. Añada las albóndigas, la cebolla restante, los frijoles, la col y las zanahorias. Ponga a hervir. Reduzca el fuego a medio-bajo. Cueza, sin tapar, durante 20 minutos. Incorpore los ejotes y cueza, sin tapar, por 10 minutos más.   *Rinde 8 porciones*

Sopa de Pasta con Carne

1 cucharada de aceite vegetal
225 g de carne de res, en cubos de 1.5 cm
1 cebolla mediana picada
3 dientes de ajo picados
4 tazas de caldo de res
1 lata (300 ml) de puré de tomate
2 cucharaditas de sazonador italiano
2 hojas de laurel
1 paquete (250 g) de ejotes (judías verdes) congelados
½ taza de orzo o rosamarina (pasta en forma de arroz) sin cocer
Sal
Rebanadas de limón y orégano fresco para adornar
Queso parmesano recién rallado (opcional)
Pan francés (opcional)

238

1. Caliente el aceite en una olla de 5 litros de capacidad a fuego medio-alto. Agregue la carne, la cebolla y el ajo. Fría hasta que la carne se dore y la cebolla tenga una consistencia suave.

2. Añada el consomé, el puré de tomate, el sazonador y la hoja de laurel. Ponga a hervir a fuego alto. Reduzca el fuego a medio-bajo; cueza, sin tapar, por 45 minutos.

3. Incorpore los ejotes y la pasta sin cocer. Ponga a hervir a fuego alto. Hierva, sin tapar, durante 8 minutos o hasta que los ejotes y la pasta estén listos; revuelva frecuentemente. Sazone con sal al gusto.

4. Deseche las hojas de laurel. Sirva la sopa en tazones. Adorne al gusto. Sirva con queso parmesano recién rallado y pan francés, si lo desea.

Rinde 5 porciones

El sazonador italiano es una mezcla de albahaca, romero y, algunas veces, otros condimentos, como mejorana. Si no encuentra el sazonador, sustitúyalo por 1 cucharadita de albahaca seca, 1/4 de cucharadita de orégano seco y 1/4 de cucharadita de romero.

"Sopa Secreta"

1 bolsa (450 g) de pasta con queso cheddar blanco
1 lata (300 ml) de crema de papa
1 taza de leche
½ taza de agua
½ taza de jamón magro cocido en cubos
½ cucharadita de albahaca seca

• Combine todos los ingredientes en una olla mediana.

• Ponga a hervir a fuego medio-alto. Reduzca el fuego a medio; cueza durante 15 minutos o hasta que se caliente completamente. Añada sal y pimienta al gusto.   *Rinde 4 porciones*

Sopa de Queso Cheddar: Sustituya la crema de papa por 1 lata de sopa de queso cheddar.

Tiempo de Preparación: 5 minutos
Tiempo de Cocción: 15 minutos

240

Sopa de Arroz Salvaje

1 taza de arroz salvaje sin cocer
450 g de carne molida de res
420 ml de consomé de pollo
1 lata (300 ml) de crema condensada de champiñones
2 tazas de leche
1 taza (120 g) de queso cheddar rallado
⅓ de taza de zanahoria rallada
1 sobre (12 g) de aderezo Ranch para ensalada, en polvo
    Cebollines enteros picados

Cueza el arroz de acuerdo con las instrucciones de la envoltura, de modo que obtenga 1½ tazas de arroz cocido. En una olla grande, dore la carne; escurra el exceso de grasa. Agregue el arroz, el consomé, la crema de champiñones, la leche, el queso, la zanahoria y el sobre de aderezo. Caliente a fuego bajo, revolviendo ocasionalmente, por unos 15 minutos. Sirva en platones calientes. Incorpore el cebollín. Adorne con cebollines adicionales, si lo desea.

Rinde de 6 a 8 porciones

Sopa de Queso con Jamón y Cerveza

1 taza de cebolla picada
½ taza de apio picado
2 cucharadas de mantequilla o margarina
1 taza de agua caliente
1 cubo de consomé de pollo o 1 cucharadita de consomé de pollo instantáneo
3 tazas de crema y leche a partes iguales
3 tazas (510 g) de jamón cocido en cubos
1 lata (450 g) de queso para untar, en cubos
1 lata de cerveza (360 ml)
3 cucharadas de harina de trigo
  Palomitas de maíz (opcional)

241

Saltee la cebolla y el apio en la mantequilla, en una olla a fuego medio-alto, hasta que se suavicen. En una taza medidora chica, combine el agua y el consomé. Agregue la leche con crema, el jamón, el queso, la cerveza y ¾ de taza de consomé a la mezcla de cebolla y apio. Cueza, revolviendo constantemente, hasta que el queso se derrita. Combine el consomé restante con la harina y revuelva bien. Añada a la sopa; revuelva sin cesar. Cueza y revuelva hasta que se espese un poco. Coloque palomitas de maíz en los platos, si lo desea.

Rinde 8 porciones

Nutritiva Sopa de Res con Cerveza

1 cucharada de aceite vegetal
340 g de carne de res, en cubos de 1.5 cm
1 cebolla grande picada
2 zanahorias medianas rebanadas
2 tallos de apio picados
5 tazas de caldo de res
1 lata (360 ml) de cerveza
¾ de cucharadita de orégano seco
¼ de cucharadita de sal
⅛ de cucharadita de pimienta negra
1 calabacita pequeña, en cubos de 1.5 cm
120 g de champiñones rebanados
1 lata (435 g) de frijoles (judías) rojos, escurridos
Ramitas de hierbas frescas para adornar

1. Caliente el aceite en una olla de 5 litros de capacidad a fuego medio. Agregue la carne, la cebolla, la zanahoria y el apio al aceite caliente. Fría hasta que la carne pierda su color rosado, y las zanahorias y el apio tengan una consistencia ligeramente suave.

2. Añada el consomé, la cerveza, el orégano, la sal y la pimienta. Ponga a hervir a fuego alto. Reduzca el fuego a medio-bajo; cueza, sin tapar, durante 45 minutos.

3. Incorpore la calabacita, los champiñones y los frijoles a la sopa. Ponga a hervir a fuego alto. Reduzca el fuego a medio-bajo; cueza, sin tapar, por unos 5 minutos o hasta que la calabacita esté suave. Sirva en platones. Adorne, si lo desea. *Rinde 6 porciones*

242

Nutritiva Sopa de Res con Cerveza

Sopa de Papa con Cheddar

2 tazas de agua
2 tazas de papas (patatas) rojas, peladas y picadas
3 cucharadas de mantequilla o margarina
1 cebolla pequeña finamente picada
3 cucharadas de harina de trigo
   Pimientas roja y negra al gusto
3 tazas de leche
½ cucharadita de azúcar
1 taza de queso cheddar rallado
1 taza de jamón cocido en cubos

1. Ponga a hervir el agua en una olla grande. Agregue las papas y cueza hasta que se suavicen. Escurra, reserve el líquido. Mida 1 taza; añada agua si es necesario.

2. Derrita la mantequilla en una olla a fuego medio. Incorpore la cebolla; cueza hasta que esté suave, pero no dorada. Agregue la harina y sazone con las pimientas roja y negra. Cueza de 3 a 4 minutos. De manera gradual, añada las papas, el líquido que guardó, la leche y el azúcar a la mezcla de cebolla. Incorpore el queso y el jamón. Hierva a fuego bajo durante 30 minutos; revuelva frecuentemente.   *Rinde 12 porciones*

Tiempo de Preparación: 15 minutos
Tiempo de Cocción: 1 hora

Convierta una simple sopa en una comida completa sirviéndola en tazones de pan. Hornee o compre pan redondo italiano o de masa fermentada. Corte una rebanada pequeña de la parte superior del pan y retire el migajón; deje una corteza de 3 cm. Rellene con sopa y sirva.

244

Crema de Almeja Ranch

¼ de taza de cebolla picada
3 cucharadas de mantequilla o margarina
225 g de champiñones frescos rebanados
2 cucharadas de salsa inglesa
1½ tazas de crema y leche a partes iguales
1 lata (300 ml) de crema de papa
¼ de taza de vino blanco seco
1 sobre (30 g) de aderezo Ranch en polvo
1 lata (285 g) de almejas baby enteras, sin escurrir

En una olla de 3 litros de capacidad, fría la cebolla en la mantequilla a fuego medio hasta que esté suave, pero no dorada. Agregue los champiñones y la salsa inglesa. Cueza los champiñones hasta que estén suaves y el líquido de la olla casi se haya evaporado. En un recipiente mediano, bata la leche con crema, la crema de papa, el vino y el aderezo en polvo hasta que se incorporen. Escurra el líquido de las almejas en la mezcla de aderezo; agregue a los champiñones de la olla. Cueza, sin tapar, hasta que la sopa se haya calentado, sin que hierva. Añada las almejas; caliente bien. Adorne con perejil picado.   *Rinde 6 porciones*

246

Crema de Verduras

1 bolsa (450 g) de brócoli congelado
2 cucharaditas de mantequilla o margarina
⅓ de taza de apio o cebolla picada (o una combinación)
1 lata (300 ml) de crema de apio
1¼ tazas de leche o agua
1 cucharada de perejil picado

• Cueza el brócoli de acuerdo con las instrucciones de la envoltura; escúrralo.

• Derrita la mantequilla en una olla. Agregue el apio y fría de 3 a 5 minutos; revuelva ocasionalmente hasta que esté suave. Añada el brócoli, la crema, la leche y el perejil; cueza a fuego medio de 4 a 5 minutos.   *Rinde de 4 a 6 porciones*

Tiempo de Preparación: 2 a 3 minutos
Tiempo de Cocción: 8 a 10 minutos

Crema de Almeja Ranch

Sopa de Salmón, Maíz y Cebada

1 cucharadita de aceite vegetal
¼ de taza de cebolla picada
1 diente de ajo finamente picado
2½ tazas de consomé de pollo con poca sal
¼ de taza de cebada de cocción rápida
1 cucharada de agua
1 cucharada de harina de trigo
1 lata (120 g) de salmón, escurrido
1 taza de maíz descongelado
⅓ de taza de leche descremada
½ cucharadita de chile en polvo
¼ de cucharadita de comino molido
¼ de cucharadita de orégano seco
⅛ de cucharadita de sal
1 cucharada de cilantro picado
⅛ de cucharadita de pimienta negra
Gajos de limón (opcional)

248

1. Caliente el aceite en una olla mediana a fuego medio. Agregue la cebolla y el ajo. Fría de 1 a 2 minutos o hasta que la cebolla esté suave.

2. Vierta el consomé y deje hervir. Añada la cebada. Tape y reduzca el fuego a bajo. Cueza durante 10 minutos o hasta que la cebada se haya cocido.

3. En una taza con la harina, vacíe lentamente el agua y revuelva hasta que se incorpore. Retire y deseche las espinas y la piel del salmón; desmenúcelo en trozos pequeños.

4. Agregue el maíz, el salmón y la leche a la olla, revuelva para mezclar. Incorpore la mezcla de harina, luego el chile en polvo, el comino, el orégano y la sal. Cueza de 2 a 3 minutos o hasta que se espese un poco. Añada el cilantro y la pimienta. Sirva con gajos de limón, si lo desea.

Rinde 2 porciones (de 2¼ tazas)

Crema de Almeja

1 cucharada de mantequilla o margarina
1 taza de cebollín finamente picado
2 dientes de ajo picados
1 taza de apio finamente picado
½ taza de pimiento morrón verde finamente picado
½ taza de pimiento morrón rojo finamente picado
1.200 litros de consomé de pollo
3 tazas de papas (patatas), peladas y picadas
1 paquete (285 g) de maíz congelado
2 latas (180 g) de carne de cangrejo
½ taza de crema y leche a partes iguales
¼ de cucharadita de pimienta negra

Derrita la mantequilla en una olla a fuego medio. Agregue la cebolla y el ajo. Fría durante 6 minutos o hasta que se suavicen, pero sin dorarse. Añada el apio y los pimientos. Fría por 8 minutos o hasta que el apio se haya suavizado; revuelva frecuentemente.

Incorpore el consomé y las papas. Ponga a hervir a fuego alto. Reduzca el fuego a bajo y cueza durante 10 minutos. Agregue el maíz; cueza por 5 minutos o hasta que las papas estén cocidas. Escurra la carne de cangrejo y colóquela en un recipiente chico. Desmenuce en trozos grandes; coloque en la olla. Agregue la leche con crema y la pimienta. Ponga a calentar. No deje que hierva. Sirva caliente.

Rinde de 6 a 8 porciones

La leche y crema a partes iguales está elaborada con cantidades idénticas de leche y crema. Puede sustituirla con leche entera o con una combinación de leche y crema batida.

Crema de Almeja

Sopa de Pasta con Garbanzos

180 g de pasta rotini sin cocer
2 cucharadas de aceite de oliva
¾ de taza de cebolla picada
½ taza de zanahorias, en rebanadas delgadas
½ taza de apio picado
2 dientes de ajo picados
¼ de taza de harina de trigo
1½ cucharaditas de sazonador italiano
⅛ de cucharadita de hojuelas de chile rojo
⅛ de cucharadita de pimienta negra
270 ml de consomé de pollo
1 lata (540 g) de garbanzo, escurrido y enjuagado
1 lata (400 g) de tomates cocidos estilo italiano, sin escurrir
6 rebanadas de tocino (beicon)
Queso parmesano rallado

252

1. Cueza la pasta de acuerdo con las instrucciones de la envoltura. Enjuague y escurra.

2. Mientras tanto, caliente el aceite en una olla de 4 litros de capacidad a fuego medio-alto. Agregue la cebolla, la zanahoria, el apio y el ajo. Fría a fuego medio de 5 a 6 minutos o hasta que las verduras se suavicen.

3. Retire del fuego. Añada la harina, el sazonador, las hojuelas de chile y la pimienta negra; revuelva bien. Vierta el consomé de manera gradual. Vuelva a hervir; revuelva a menudo. Hierva durante 1 minuto; revuelva sin cesar. Reduzca el fuego a medio. Agregue la pasta cocida, los garbanzos y los tomates. Cueza por 5 minutos o hasta que se caliente bien.

4. Mientras tanto, coloque el tocino entre toallas de papel en un plato. Hornee en el microondas a potencia ALTA, de 5 a 6 minutos o hasta que se dore. Escurra y desmorone.

5. Espolvoree cada porción con tocino y queso rallado. Sirva de inmediato.

Rinde 6 porciones (unas 7 tazas)

Sugerencia para Servir: Sirva con pan dorado, ensalada verde con aderezo italiano y tarta de frutas.

Tiempo de Preparación y Cocción: 30 minutos

Sopa de Pasta con Garbanzos

Nutritiva Sopa de Alubias

1 cucharada de aceite de oliva
1 cebolla mediana picada
2 zanahorias medianas rebanadas
2 tallos de apio picados
1 diente de ajo machacado
2 latas (de 600 g cada una) de alubias, escurridas y enjuagadas
2 cucharadas de ajo en polvo con hierbas
2 tazas de agua
3 tazas de espinaca o lechuga escarola picada
1 tomate mediano picado
¼ de taza de queso feta desmoronado (opcional)

En una olla de 3 litros de capacidad, caliente el aceite a fuego medio y fría la cebolla, la zanahoria, el apio y el ajo, revolviendo ocasionalmente, por 5 minutos o hasta que estén suaves. Agregue las alubias y el ajo mezclado con agua. Ponga a hervir a fuego alto. Reduzca el fuego a bajo y cueza durante 15 minutos, sin tapar, o hasta que las verduras estén listas. Añada la espinaca y cueza por 2 minutos o hasta que se caliente bien. Corone con queso.

Rinde unas 6 tazas de sopa

254

Pasta e Fagioli

½ taza de cebolla picada
½ taza de zanahoria rebanada
½ taza de apio rebanado
4 cucharadas de aceite de oliva extra virgen
2 dientes de ajo finamente picados
2 tazas de consomé de pollo, con poca sal, o más, si es necesario
1 lata (435 g) de alubias, escurridas y enjuagadas
1 lata (420 g) de tomates estilo italiano con su jugo
2 tazas de lechuga escarola, en trozos pequeños
1 taza de pasta chica
1 taza de ejotes (judías verdes) (frescos o congelados)
1 taza de habas chicas
Sal y pimienta
¼ de taza de queso romano rallado, y más al gusto

1. Combine la cebolla, la zanahoria, el apio, el aceite de oliva y el ajo en una olla grande y ancha. Tape y cueza a fuego bajo por unos 10 minutos hasta que las verduras estén suaves, pero no doradas.

2. Agregue el consomé, las alubias y los tomates con su líquido. Tape y cueza durante unos 15 minutos hasta que se mezclen los sabores.

3. Ponga la lechuga, la pasta, los ejotes y las habas en la olla. Cueza, sin tapar, de 10 a 12 minutos o hasta que las verduras estén muy suaves y la mezcla se espese. Incorpore sal y pimienta al gusto. Agregue el queso. Sirva en tazones; añada queso adicional.

Rinde de 4 a 6 porciones

Sopa de Almeja Ranch

    3 latas (de 195 g) de almejas picadas
    6 rebanadas de tocino (beicon) picado*
    ¼ de taza de cebolla finamente picada
    ¼ de taza de harina de trigo
    2½ tazas de leche
    1 sobre (30 g) de aderezo Ranch en polvo
    2 tazas de papas (patatas) congeladas picadas
    2 tazas de granos de maíz congelados
    ⅛ de cucharadita de tomillo seco (opcional)

*Puede utilizar trocitos de tocino.

Escurra las almejas; reserve el líquido (unos 1⅓ tazas). Fría el tocino en una olla grande; retire con una cuchara ranurada; reserve ¼ de taza de la grasa.** Caliente la grasa del tocino a fuego medio en la misma olla. Agregue la cebolla y saltee durante 3 minutos. Espolvoree con harina y fría por 1 minuto más. De manera gradual, vierta el jugo de almeja que reservó y la leche; revuelva hasta obtener una mezcla homogénea. Bata el aderezo y los sazonadores. Incorpore las papas, el maíz y el tomillo, si lo desea. Caliente justo hasta que hierva; reduzca el fuego y cueza durante 10 minutos; revuelva ocasionalmente. Añada las almejas y caliente bien. Espolvoree el tocino en cada porción.

Rinde de 4 a 6 porciones

**Puede sustituir la grasa del tocino por ¼ de taza de mantequilla.

255

Gumbo de Verduras

Aceite en aerosol
½ **taza de cebolla picada**
½ **taza de pimiento morrón verde picado**
¼ **de taza de apio picado**
2 **dientes de ajo picado**
2 **latas (de unos 400 g cada una) de tomates cocidos sin sal, sin escurrir**
2 **tazas de jugo de tomate sin sal**
1 **lata (435 g) de frijoles (judías) rojos, escurridos y enjuagados**
1 **cucharada de perejil fresco picado**
¼ **de cucharadita de orégano seco**
¼ **de cucharadita de salsa picante**
2 **hojas de laurel**
1½ **tazas de arroz integral instantáneo**
1 **paquete (285 g) de okra (quingombó) picada, descongelada**

1. Rocíe una olla de 4 litros de capacidad con aceite en aerosol. Caliente a fuego medio. Agregue la cebolla, el pimiento, el apio y el ajo. Fría durante 3 minutos o hasta que estén suaves.

2. Añada los tomates, el jugo, los frijoles, el perejil, el orégano, la salsa picante y la hoja de laurel. Ponga a hervir a fuego alto. Incorpore el arroz. Tape y reduzca el fuego a medio-bajo. Cueza durante 15 minutos o hasta que el arroz esté suave.

3. Incorpore la okra y cueza por 5 minutos más, tapado, o hasta que esté suave. Retire y deseche las hojas de laurel.

Rinde 4 porciones (de 2 tazas)

256

El gumbo es un clásico guisado criollo. La versión original es una combinación de carne, salchicha, aves, mariscos, tomates y verduras. Esta versión no tiene carne. Si lo desea, puede agregar 2 tazas de pollo cocido o camarón.

Gumbo de Verduras

Sopa de Mariscos para "Enamorados"

2 cucharadas de aceite de oliva
1 cebolla finamente picada
2 tazas de consomé de pollo
1 paquete (250 g) de corazones de alcachofa, descongelados
½ taza de vino blanco
450 g de mariscos (camarón crudo, pelado y desvenado; mejillones crudos, o carne de cangrejo)
1 taza de crema espesa
2 cucharadas de perejil fresco picado
1 cucharadita de sal
½ cucharadita de nuez moscada molida
¼ de cucharadita de pimienta blanca

1. Caliente el aceite en una sartén grande a fuego medio-alto. Agregue la cebolla y fría durante 5 minutos o hasta que se suavice. Añada el consomé, las alcachofas y el vino. Ponga a hervir a fuego medio-alto. Reduzca el fuego a bajo y cueza de 5 a 7 minutos, tapado.

2. En tandas, procese la sopa en el procesador de alimentos o en la licuadora hasta obtener una consistencia homogénea. Regrese la sopa a la olla.

3. Incorpore los mariscos, la crema, el perejil, la sal, la nuez moscada y la pimienta. Ponga a calentar, sin que hierva, a fuego medio. Reduzca el fuego a bajo y cueza, sin tapar, de 5 a 10 minutos. No deje que hierva. (El camarón se endurece cuando la sopa hierve.) Adorne, si lo desea.

Rinde 6 porciones

258

Sopa de Queso con Papa Horneada

¾ de taza de cebolla picada
2 cucharadas de mantequilla o margarina
2 tazas de agua
420 ml de consomé de pollo
2 a 3 papas (patatas) cocidas, en cubos
Pizca de pimienta
365 g de queso amarillo, en cubos

1. Fría la cebolla en la mantequilla, en una olla grande a fuego medio-alto.

2. Agregue el agua, el consomé, las papas y la pimienta; caliente bien.

3. Añada el queso y caliente a fuego bajo hasta que el queso se derrita. Sirva con trocitos de tocino, o con crema agria y perejil fresco picado, si lo desea.   *Rinde 6 tazas*

Tiempo de Preparación: 15 minutos más el tiempo de horneado de las papas
Tiempo de Cocción: 15 minutos

260

Sopa Asiática de Pasta con Camarón

1 paquete (110 g) de champiñones shiitake frescos
2 cucharaditas de aceite de ajonjolí (sésamo)
2 latas (de 420 ml cada una) de caldo de verduras
120 g de pasta pelo de ángel en trozos de 5 cm de largo (más o menos 1 taza)
225 g de camarón mediano, pelado y desvenado
120 g de tirabeques (vainas), en tiras delgadas
2 cucharadas de mostaza Dijon
1 cucharada de salsa de pimienta de Cayena
⅛ de cucharadita de jengibre molido

1. Retire y deseche los tallos de los champiñones. Córtelos en tiras delgadas. Caliente el aceite en una olla grande a fuego medio-alto. Agregue los champiñones y fría durante 3 minutos.

2. Vierta el consomé y ½ *taza de agua* en la olla. Ponga a hervir. Añada la pasta y cueza por 2 minutos o hasta que se suavice.

3. Incorpore el resto de los ingredientes; revuelva a menudo. Ponga a hervir. Reduzca el fuego a medio-bajo. Cueza durante 2 minutos o hasta que el camarón se torne rosado y los tirabeques estén cocidos. *Rinde 4 porciones*

Tiempo de Preparación: 10 minutos
Tiempo de Cocción: unos 10 minutos

Magnífico Minestrone Mama Mia

2 cucharadas de aceite de oliva extra virgen
225 g de champiñones crimini, en trozos de 1.5 cm (3 tazas)
1 calabaza amarilla (180 g), en cubos de 1.5 cm (1¼ tazas)
½ berenjena pequeña, en cubos de 1.5 cm (1 taza)
120 g de ejotes (judías verdes), en trozos diagonales de 1.5 cm (1 taza)
6 tazas de agua
1 frasco (800 g) de salsa para espagueti
1 taza de vino tinto
1 taza de pasta orzo sin cocer
1 frasco (440 a 540 g) de alubias, escurridas
4 tomates rojos medianos (450 g) picados (2 tazas)
4 hojas de albahaca fresca picadas
1 cucharada de perejil italiano picado
¾ de taza de queso parmesano rallado
½ taza de piñones tostados

En una sartén antiadherente de 30 cm, caliente el aceite; saltee los champiñones, la calabaza, la berenjena y los ejotes a fuego medio-alto por 10 minutos; revuelva constantemente o hasta que se cuezan.

Combine el agua, la salsa para espagueti y el vino en una olla de 6 litros de capacidad; ponga a hervir. Agregue el orzo y hierva durante 10 minutos; revuelva ocasionalmente.

Añada las verduras salteadas, las alubias, los tomates, la albahaca y el perejil; cueza por 5 minutos; revuelva de vez en cuando.

Sirva con queso parmesano y espolvoree encima los piñones. *Rinde 8 porciones*

Nutritivo Guisado de Pollo

12 filetes de pechuga de pollo, deshuesados y sin piel, congelados
1 caja de frijoles (judías) rojos con arroz
1 lata (420 g) de tomates picados, sin escurrir
3 papas (patatas) nuevas sin pelar, en trozos de 2.5 cm
2 zanahorias, en rebanadas de 1.5 cm
1 cebolla, en trozos de 2.5 cm

PREPARAR: LIMPIAR: Lávese las manos. Retire el papel protector del pollo congelado bajo el chorro de agua fría de 1 a 2 minutos. Corte en trozos de 2.5 cm. LIMPIAR: Lávese las manos

COCINAR: En una sartén grande, mezcle el pollo, los frijoles con arroz, el sobre de sazonador, 2¼ tazas de agua, los tomates, las papas, las zanahorias y la cebolla. Ponga a hervir. Tape y reduzca el fuego; hierva durante 20 minutos o hasta que los jugos internos del pollo estén claros. (O inserte un termómetro de lectura instantánea en la parte más gruesa del pollo; la temperatura debe ser de 72 °C.)

SERVIR: Sirva con pan caliente, si lo desea.

REFRIGERAR: Refrigere el sobrante inmediatamente.   *Rinde 4 porciones*

Tiempo de Preparación: 10 minutos
Tiempo de Cocción: de 20 a 25 minutos

Si se le antoja un rico

guisado casero,

pruebe el Guisado

Campirano de Pollo,

el Goulash Húngaro

de Res o el Guisado

Afrutado de Cordero.

Nutritivo Guisado de Pollo

Guisado de Pavo al Curry con Cubierta

900 g de muslos de pavo
1 cebolla mediana picada
4¾ tazas de agua fría
1 cucharadita de sal
1 cucharadita de tomillo seco
⅛ de cucharadita de pimienta negra
¼ de taza de fécula de maíz
1 cucharadita de curry en polvo
2 tazas de brócoli, coliflor y zanahorias congelados
1 manzana grande pelada, descorazonada y en trozos grandes
¾ de taza de harina de trigo
1 cucharada de perejil fresco picado
1¼ cucharaditas de polvo para hornear
¼ de cucharadita de sal de ajo
2 cucharadas de manteca vegetal
¼ de taza de leche
Pimentón
¼ de taza de maníes pelados
Ramitas de hierbas frescas para adornar

Enjuague el pavo. Coloque la cebolla, el pavo, 4 tazas de agua, la sal, el tomillo y la pimienta en una olla grande de 5 litros de capacidad. Ponga a hervir a fuego alto. Reduzca el fuego a medio-bajo y hierva, sin tapar, durante 1 hora y 45 minutos o hasta que el pavo se haya cocido.

Retire el pavo del consomé y deje enfriar un poco. Con una cuchara, retire la mayor cantidad posible de grasa. (O refrigere el consomé durante varias horas y retire la grasa que flota en la superficie. Si refrigera el consomé para quitar la grasa, refrigere el pavo.)

Retire la carne de los huesos; deseche la piel y los huesos. Corte el pavo en trozos chicos.

Revuelva el agua restante, la fécula de maíz y el curry en un recipiente pequeño hasta obtener una consistencia homogénea. Agregue al consomé. Cueza a fuego medio hasta que la mezcla hierva y se espese.

Agregue las verduras congeladas, los trozos de pavo y la manzana. Ponga a hervir a fuego alto; revuelva ocasionalmente.

Para preparar la cubierta, combine la harina, el perejil, el polvo para hornear, la cebolla y la sal. Corte la manteca hasta que la mezcla forme trozos del tamaño de un chícharo. Vierta la leche y revuelva hasta que se combine.

Coloque la masa en seis montoncitos sobre el guisado. Cubra y cueza a fuego medio-bajo por unos 15 minutos o hasta que, al insertar en el centro un palillo de madera, éste salga limpio.

Espolvoree el pimentón sobre la masa. Sirva el guisado con un trozo de masa en cada porción; añada el maní. Adorne, si lo desea. *Rinde 6 porciones*

Guisado Campirano Francés de Pollo

125 g de tocino (beicon) picado
4 mitades de pechuga de pollo, deshuesadas y sin piel, en trozos de 2.5 cm
1 cebolla mediana picada
2 dientes de ajo picados
1 cucharadita de tomillo seco machacado
1 lata (420 g) de ejotes (judías verdes), escurridos
1 lata (435 g) de frijoles (judías) rojos, escurridos
1 lata (420 g) de tomates cocidos
Sal y pimienta al gusto

1. Fría el tocino en una sartén grande a fuego medio-alto hasta que casi esté dorado. Agregue el pollo, la cebolla, el ajo y el tomillo.

2. Fría la cebolla y el ajo hasta que adquieran una consistencia suave, por unos 5 minutos. Escurra la grasa.

3. Añada el resto de los ingredientes y ponga a hervir a fuego alto. Reduzca el fuego a bajo. Hierva, sin tapar, por 10 minutos. *Rinde 4 porciones*

Guisado Sureño de Pavo

1 paquete (unos 675 g) de filetes de pavo, en trozos de 2 cm
1 cucharada de chile en polvo
1 cucharadita de comino molido
¼ de cucharadita de sal
1 pimiento morrón rojo, en trozos de 2 cm
1 pimiento morrón verde, en trozos de 2 cm
1 lata (435 g) de frijoles (judías) con chile, sin escurrir
1 lata (420 g) de tomates cocidos con chile, sin escurrir
¾ de taza de cebolla amarilla o morada picada
¾ de taza de salsa picante
3 dientes de ajo picados
Cilantro fresco (opcional)

INSTRUCCIONES PARA COCCIÓN LENTA

Coloque el pavo en la olla de cocción lenta. Sazone el pavo con el chile, el comino y la sal; cúbralo muy bien. Agregue los pimientos rojo y verde, los frijoles con su salsa, los tomates con su jugo, la cebolla, la salsa y el ajo. Revuelva bien. Tape y cueza a potencia BAJA durante 5 horas, o hasta que el pavo pierda su color rosado en el centro y las verduras estén cocidas. Sirva en platones. Adorne con cilantro, si lo desea.   *Rinde 6 porciones*

Para un guisado menos picante, sustituya la salsa por una más ligera.

Guisado Sureño de Pavo

Guisado Agridulce de Albóndigas de Pavo

900 g de carne molida de pavo
¾ de taza de pan molido
½ taza de cebolla picada
⅓ de taza de castañas de agua picadas
1 diente de ajo picado
1 huevo
½ cucharadita de sal
½ cucharadita de jengibre molido
¼ de cucharadita de pimienta negra
4 cucharadas de salsa de soya baja en sodio
2 cucharadas de aceite vegetal
2 tazas de agua
¼ de taza de vinagre de sidra de manzana
¼ de taza de azúcar
1 lata (570 g) de trocitos de piña en almíbar, escurridos y con su jugo
1 pimiento morrón verde mediano, en trozos de 1.5 cm
1 pimiento morrón rojo mediano, en trozos de 1.5 cm
Cáscara de 1 limón poco picada
2 cucharadas de fécula de maíz
Arroz cocido caliente (opcional)

Combine el pavo, el pan molido, la cebolla, las castañas, el ajo, el huevo, la sal, el jengibre, la pimienta y 1 cucharada de salsa de soya en un recipiente grande. Forme las albóndigas.*

Caliente el aceite en una olla de 5 litros de capacidad a fuego medio. Dore las albóndigas en el aceite caliente. Retire con una cuchara ranurada. Deseche la grasa. Revuelva el agua, el vinagre, el azúcar y el almíbar de la piña en la olla. Regrese las albóndigas a la olla.

Ponga a hervir a fuego alto. Reduzca el fuego a bajo. Tape y deje hervir de 20 a 25 minutos. Agregue la piña, los pimientos y la cáscara de limón. Cueza, sin tapar, durante 5 minutos.

Mezcle la salsa de soya restante con la fécula de maíz en un recipiente pequeño hasta que se incorporen. Hierva las albóndigas a fuego medio-alto; añada la mezcla de fécula de maíz. Cueza por 5 minutos o hasta que la mezcla se espese; revuelva constantemente. Sirva sobre arroz, si lo desea.   *Rinde 6 porciones*

*Para formar las albóndigas rápidamente y de manera uniforme, coloque la mezcla de carne sobre una tabla para picar; forme un cuadro grande, con un grosor de 2.5 cm. Con un cuchillo grande, corte la carne en cuadros de 2.5 cm; con cada cuadro forme una albóndiga.

Guisado Mexicano de Pollo

    1 cucharada de aceite de oliva
450 g de pechugas de pollo, deshuesadas y sin piel, en cubos de 1.5 cm
    1 lata (450 g) de granos de maíz escurridos
    1 lata (435 g) de frijoles (judías) rojos, sin escurrir
    1 lata (435 g) de frijoles (judías) negros, escurridos y enjuagados
    1 lata (120 g) de chiles verdes picados, sin escurrir
    1 taza de consomé de pollo
 1½ cucharaditas de ajo en polvo
 1½ cucharaditas de comino molido
    1 cucharadita de orégano
    1 cucharadita de chile en polvo
    ½ taza de cebolletas picadas
      Pimiento rojo en forma de flor para adornar, si lo desea

1. Caliente el aceite en una sartén grande a fuego medio-alto. Agregue las piezas de pollo y fría durante 5 minutos; revuelva frecuentemente. Retire el pollo de la sartén.

2. Añada a la sartén el resto de los ingredientes, excepto la cebolleta y el adorno; mezcle bien. Ponga a hervir. Reduzca el fuego a medio; tape y hierva por 10 minutos.

3. Incorpore el pollo y la cebolleta. Tape y hierva de 5 a 10 minutos.

4. Sirva en un tazón y adorne con flores de pimiento rojo.

Rinde 6 porciones

269

Las cebolletas son cebollas inmaduras que se cosechan antes de que el bulbo se desarrolle. Tienen un sabor más suave que el de las cebollas maduras.

Guisado de Pollo con Masa

800 ml de consomé de pollo con poca sal
450 g de pechugas de pollo, deshuesadas y sin piel, en trozos chicos
1 taza de zanahorias, en rebanadas diagonales
¾ de taza de apio, en rebanadas diagonales
1 cebolla, en mitades y en gajos pequeños
3 papas (patatas) nuevas peladas y en cubos
½ cucharadita de romero seco
¼ de cucharadita de pimienta negra
1 lata (420 g) de tomates rojos picados escurridos o 1½ tazas de tomates rojos frescos
    picados
3 cucharadas de harina de trigo mezclada con ⅓ de taza de agua

MASA
¾ de taza de harina de trigo
1 cucharadita de polvo para hornear
¼ de cucharadita de cebolla en polvo
¼ de cucharadita de sal
1 a 2 cucharadas de perejil fresco finamente picado
¼ de taza de sustituto de huevo sin colesterol
¼ de taza de leche baja en grasa
¼ de cucharada de aceite vegetal

270

1. Ponga a hervir el consomé en una olla grande; agregue el pollo. Tape y cueza durante 3 minutos. Añada las zanahorias, el apio, la cebolla, las papas, el romero y la pimienta. Tape y deje hervir por 10 minutos. Reduzca el fuego e incorpore los tomates y la harina disuelta. Caliente hasta que el consomé se espese.

2. Combine ¾ de taza de harina, el polvo para hornear, la cebolla en polvo y la sal en un recipiente mediano; agregue el perejil. Revuelva el sustituto de huevo, la leche y el aceite en un recipiente pequeño. Añada a la mezcla de harina y revuelva hasta que los ingredientes secos se hayan humedecido.

3. Vuelva a hervir la mezcla de consomé. Deje caer 8 cucharadas de la masa en el consomé; tape muy bien. Reduzca el fuego y hierva de 18 a 20 minutos. No levante la tapa. La masa estará lista cuando, al insertar en el centro un palillo, éste salga limpio.   *Rinde 4 porciones*

Guisado de Pollo con Masa

Guisado Campirano de Pollo

6 rebanadas de tocino (beicon) picado
2 poros (puerros) picados (sólo la parte blanca) (unos 225 g)
3 chalotes picados
1 zanahoria mediana, en trozos de 0.5 cm
675 g de muslos de pollo, deshuesados y sin piel, en trozos de 2.5 cm
675 g de pechugas de pollo, deshuesadas y sin piel, en trozos de 2.5 cm
225 g de carne de cerdo ahumada, en trozos de 2.5 cm
1 manzana descorazonada y picada
2 tazas de vino blanco seco o consomé de pollo
1½ cucharaditas de hierbas de Provenza machacadas*
1 cucharadita de sal
Pimienta al gusto
2 hojas de laurel
2 latas (de 435 g cada una) de frijoles (judías) rojos, escurridos

*Sustituya las hierbas de Provenza por ¼ de cucharadita de salvia, de romero seco molido, de tomillo, de orégano, de mejorana y de albahaca.

Fría el tocino en una olla de 5 litros de capacidad a fuego medio-alto. Agregue el poro, los chalotes y la zanahoria; fría hasta que el poro y los chalotes estén suaves. Añada el pollo, el cerdo, la manzana, el vino y los sazonadores. Ponga a hervir a fuego alto. Reduzca el fuego a bajo; tape y cueza durante 30 minutos.

Incorpore los frijoles. Tape y cueza de 25 a 30 minutos más, hasta que el pollo y el cerdo estén suaves y el pollo pierda su color rosado en el centro. Retire y deseche las hojas de laurel antes de servir.
Rinde de 8 a 10 porciones

Ayuda

Los poros (puerros) tienen un sabor más suave que otros miembros de la familia de la cebolla. Para prepararlos, corte las raíces y las hojas. Suelen estar muy sucios entre las capas. Para limpiarlos, córtelos por la mitad y enjuáguelos bajo el chorro de agua.

Pollo Marroquí

1 cucharada de aceite de oliva
4 piernas de pollo, sin piel
5 tazas de agua
1 cebolla mediana, en trozos
2 zanahorias medianas, en trozos
1 taza de garbanzos enlatados, escurridos
½ taza de uvas pasa doradas
4 dientes de ajo picados
1 cucharada de jengibre fresco picado
2 rajas de canela
1½ cucharaditas de comino
½ cucharadita de cúrcuma
2 calabacitas medianas, en trozos
2 tazas de couscous cocido caliente

En una olla antiadherente grande, caliente el aceite a fuego alto. Agregue el pollo; fría durante 10 minutos; voltéelo para dorarlo por ambos lados. Añada el agua, la cebolla, las zanahorias, los garbanzos, las pasas, el ajo, el jengibre, la canela, el comino y la cúrcuma. Ponga a hervir; reduzca el fuego y cueza por unos 20 minutos. Incorpore la calabacita y hierva durante 10 minutos más. Retire las rajas de canela. Sazone con sal y pimienta al gusto.

Sirva en tazones grandes sobre el couscous. *Rinde de 4 a 6 porciones*

Consejo: Para congelar, transfiera el pollo a un recipiente de plástico con tapa. Deje enfriar, sin tapar, durante 20 minutos. Refrigere, sin tapar, hasta que se enfríe, por unos 40 minutos. Coloque la tapa bien cerrada y congele hasta que lo necesite.

Consejo: Para descongelar, transfiera del congelador al refrigerador de 12 a 24 horas antes de usarlo. Recaliente en una olla grande con tapa, a fuego medio-bajo. Hiérvalo durante 5 minutos.

Guisado Afrutado de Cordero

450 g de cordero sin hueso
2 cucharadas de harina de trigo
½ cucharadita de sal
Pizca de pimienta roja molida
2 cucharadas de aceite vegetal
1 poro (puerro) pequeño rebanado
3 tazas de consomé de pollo
½ cucharadita de jengibre fresco rallado
225 g de zanahorias baby peladas
¾ de taza de fruta mixta seca picada (la mitad de un paquete de 225 g)
½ taza de chícharos (guisantes) congelados
Pimienta negra
1⅓ tazas de couscous cocido caliente
Perifollo fresco para adornar (opcional)

Caliente el horno a 180 °C. Corte el cordero en cubos de 2 cm. Revuelva la harina, la sal y la pimienta en un recipiente mediano; cubra bien el cordero con la mezcla de harina.

Caliente el aceite en una olla de 5 litros de capacidad a prueba de calor, a fuego medio-alto. Agregue la carne y dore; revuelva frecuentemente. Añada el poro, el consomé y el jengibre a la olla. Ponga a hervir a fuego alto. Tape y hornee por 45 minutos.

Retire del horno; incorpore las zanahorias. Tape y hornee durante 30 minutos o hasta que la carne y las zanahorias estén casi suaves.

Agregue la fruta y los chícharos al guisado. Tape y hornee por 10 minutos. En caso necesario, retire la grasa con una cuchara grande. Sazone con pimienta negra al gusto. Sirva en tazones; corone con el couscous. Adorne, si lo desea.

Rinde 4 porciones

Guisado Afrutado de Cordero

Goulash Húngaro de Res

¼ de taza de harina de trigo
1 cucharada de pimentón dulce húngaro
1½ cucharaditas de sal
½ cucharadita de pimentón picante húngaro
½ cucharadita de pimienta negra
900 g de carne de res para cocido (trozos de 3 cm)
4 cucharadas de aceite vegetal
1 cebolla grande picada
4 dientes de ajo picados
800 ml de caldo de res
1 lata (420 g) de tomates cocidos, sin escurrir
1 taza de agua
1 cucharada de mejorana seca
1 pimiento morrón verde picado
3 tazas de tallarines delgados de huevo, sin cocer
Crema agria

1. Revuelva la harina, los pimentones y la pimienta negra en una bolsa grande. Agregue la mitad de la carne. Cierre la bolsa; agite para cubrirla. Repita con el resto de la carne.

2. Caliente 4½ cucharaditas de aceite en una olla grande a fuego medio. Añada la mitad de la carne y dore por ambos lados. Transfiera a un recipiente grande. Repita con 4½ cucharaditas de aceite y el resto de la carne; transfiera al mismo recipiente.

3. Caliente el aceite restante en la misma olla; ponga la cebolla y el ajo. Cueza durante 8 minutos o hasta que se suavice; revuelva frecuentemente.

4. Regrese la carne y sus jugos a la olla. Incorpore el consomé, los tomates con su jugo, el agua y la mejorana. Ponga a hervir a fuego medio-alto. Reduzca el fuego a medio-bajo; tape y hierva durante 1½ horas o hasta que la carne se haya cocido; revuelva una vez.

5. Cuando la carne esté lista, agregue el pimiento y los tallarines. Tape y cueza durante 8 minutos o hasta que los tallarines se hayan cocido; revuelva una vez. Para servir, coloque la carne en 8 tazones. Corone con crema.   *Rinde 8 porciones*

Goulash Húngaro de Res

Guisado de Carne Molida

450 g de carne molida de res
3 dientes de ajo picados
1 paquete (450 g) de verduras congeladas estilo italiano
2 tazas de papas (patatas) hash brown
1 frasco (400 ml) de salsa marinara
290 ml de caldo de res condensado
3 cucharadas de salsa inglesa

1. Dore la carne con el ajo en una sartén grande; escúrrala. Agregue el resto de los ingredientes. Ponga a hervir. Reduzca el fuego a medio-bajo. Cueza por 10 minutos o hasta que las verduras estén listas.

2. Sirva en tazones calientes con pan de ajo, si lo desea.

Rinde 6 porciones

Tiempo de Preparación: 5 minutos
Tiempo de Cocción: 15 minutos

278

Guisado Griego de Cerdo

¼ de taza de aceite de oliva
1 filete de cerdo, en cubos de 1.5 cm (unos 1.125 kg)
3 dientes de ajo picados
1¼ tazas de vino tinto seco
1 lata (180 g) de pasta de tomate
420 ml de caldo de res
2 cucharadas de vinagre balsámico o de vino tinto
2 hojas de laurel
1½ cucharaditas de canela molida
⅛ de cucharadita de cilantro molido
Arroz cocido caliente (opcional)

Caliente el aceite en una olla de 5 litros de capacidad a fuego medio-alto. Dore la mitad de la carne en la olla. Retire con una cuchara ranurada. Dore el resto de la carne. Retire con una cuchara ranurada.

Agregue la cebolla y el ajo. Fría por unos 5 minutos o hasta que las cebollas tengan una consistencia suave. Regrese la carne a la olla.

Combine el vino y la pasta de tomate en un recipiente pequeño; añada la carne. Incorpore el consomé, el vinagre, las hojas de laurel, la canela y el cilantro. Ponga a hervir a fuego alto. Reduzca el fuego a bajo; tape y hierva durante 45 minutos o hasta que la carne tenga una consistencia suave. Retire y deseche las hojas de laurel antes de servir. Sirva con arroz, si lo desea.

Rinde de 6 a 8 porciones

Guisado de Ternera

⅓ de taza de harina de trigo
2 cucharaditas de sal
½ cucharadita de estragón seco
675 g de espaldilla de ternera, sin hueso, en trozos de 2.5 cm
2 cucharadas de aceite de oliva
2 tazas de consomé de pollo
½ taza de vinagre blanco o agua
1 cucharadita de salsa picante
2 tazas de floretes de coliflor
2 tazas de trozos de calabaza almizclera (unos 2.5 cm)
120 g de ejotes (judías verdes), en trozos de 4 cm
Tallarines de huevo cocidos, mezclados con mantequilla y perejil

Combine la harina, 1 cucharadita de sal y el estragón en un recipiente mediano; revuelva con la carne para cubrirla. Caliente el aceite en una olla de 5 litros de capacidad a fuego medio-alto. Agregue la carne y dore bien; voltéela ocasionalmente. Añada el consomé, el vino, la salsa picante y la sal restante; ponga a hervir. Reduzca el fuego a bajo; tape y cueza durante 45 minutos.

Agregue la coliflor, la calabaza y los ejotes a la olla; deje hervir. Reduzca el fuego a bajo; tape y hierva por 15 minutos o hasta que esté suave; revuelva constantemente. Sirva el guisado con tallarines.

Rinde 6 porciones

Guisado de Cerdo a la Francesa

1 paquete (unos 180 g) de arroz de grano largo y salvaje
1 cucharada de aceite vegetal
1 filete de cerdo (unos 450 g), en cubos de 2 a 2.5 cm
1 cebolla mediana poco picada
1 tallo de apio rebanado
1½ tazas de consomé de pollo
2 cucharadas de harina de trigo
½ paquete (450 g) de verduras mixtas congeladas: zanahorias, papas (patatas) y chícharos (guisantes)
1 frasco (135 g) de champiñones rebanados, escurridos
½ cucharadita de albahaca seca
¼ de cucharadita de romero seco
¼ de cucharadita de orégano seco
2 cucharaditas de jugo de limón
⅛ de cucharadita de nuez moscada molida

1. Prepare el arroz de acuerdo con las instrucciones de la envoltura; deseche el sobre de especias, si lo desea.

2. Mientras se cuece el arroz, caliente el aceite en una olla a fuego medio-alto. Agregue la carne, la cebolla y el apio; cueza durante 5 minutos o hasta que la carne se haya dorado. Revuelva el consomé con la harina hasta que se incorporen; añada a la carne. Cueza a fuego medio por 1 minuto; revuelva constantemente.

3. Añada las verduras, los champiñones, la albahaca, el romero y el orégano; ponga a hervir. Reduzca el fuego a bajo, tape y cueza de 6 a 8 minutos o hasta que la carne tenga una consistencia suave y apenas tenga un color rosado en el centro. Agregue el jugo de limón, la nuez moscada, la sal y pimienta al gusto. Sirva sobre el arroz cocido.

Rinde 4 porciones (de 1 taza)

Tiempo de Preparación y Cocción: 20 minutos

Guisado de Cerdo a la Francesa

Guisado de Res Favorito

675 g de carne de res para cocido, en cubos de 2 cm
3 cucharadas de harina de trigo
1 cucharadita de sal
½ cucharadita de pimienta negra
2 cucharadas de aceite vegetal
1 taza de caldo de res
1 lata (450 g) de tomates enteros, picados y en su jugo
1 diente de ajo picado
1 hoja de laurel
1 cucharada de salsa inglesa
½ cucharadita de tomillo seco
¼ de cucharadita de albahaca seca
2 papas (patatas), peladas y en trozos de 1.5 cm
1 taza de cebollas de cambray congeladas
2 zanahorias, en trozos de 1.5 cm
2 tallos de apio, en trozos de 1.5 cm
Aros de cebolla y hierbas frescas para adornar

1. Coloque la carne en un recipiente grande; espolvoree con harina, sal y pimienta. Revuelva ligeramente para cubrirla por completo. Caliente el aceite en una olla de 5 litros de capacidad a fuego medio-alto. Agregue la carne y dórela; revuelva sin cesar.

2. Añada el consomé, los tomates con su jugo, el ajo, la hoja de laurel, la salsa inglesa, el tomillo y la albahaca; deje hervir a fuego alto. Reduzca el fuego a bajo; cueza, sin tapar, durante 1½ horas; revuelva ocasionalmente.

3. Aumente el fuego a medio. Incorpore las papas, las cebollas, las zanahorias y el apio; ponga a hervir. Reduzca el fuego a bajo y cueza, sin tapar, por 30 minutos o hasta que la carne y las verduras tengan una consistencia suave.

4. Sirva en tazones. Adorne, si lo desea.

Rinde 6 porciones

Guisado de Res Favorito

Cordero Toscano con Habas

450 g de habas grandes secas
2 cucharadas de aceite de oliva extra virgen
1.350 kg de espaldilla de cordero, en trozos grandes (sin grasa)
3 cebollas peladas y en cuartos
2 zanahorias peladas y en cuartos
12 dientes de ajo rebanados
1 taza de vermouth o vino rojo o blanco* (opcional)
3 tazas de consomé de pollo
1 taza de apio picado, con hojas
2 hojas de laurel
2 ramas largas de romero o 1 cucharada de romero seco machacado
1 a 2 tazas (de 120 a 225 g) de queso Jarlsberg rallado

*Nota: Si no usa vermouth o vino, aumente la cantidad de consomé de pollo a 4 tazas.

Enjuague las habas y colóquelas en una olla grande. Cúbralas con 5 cm de agua. Ponga a hervir a fuego alto; hierva durante 2 minutos. Retire del fuego; tape y deje remojar por 1 hora. Escurra las habas y deseche el agua. (O remoje las habas en agua fría durante toda la noche; escurra y deseche el agua.)

Caliente el aceite en una olla grande a fuego alto. Agregue la carne; fría durante 10 minutos. Añada la cebolla, las zanahorias y el ajo; fría por 8 minutos; levante la carne para permitir que se cuezan las verduras.

Vierta el vermouth, si lo desea, y cueza durante 3 minutos. Incorpore el consomé, el apio, las hojas de laurel y el romero. Tape y cueza por 1½ horas. Agregue las habas y el queso rallado; continúe cociendo de 40 minutos a 1 hora o hasta que las habas adquieran la consistencia deseada. Retire y deseche las hojas de laurel antes de servir. *Rinde 8 porciones*

El vermouth es un vino blanco saborizado con hierbas y especias. Los dos tipos más comunes de vermouth son seco y dulce. La variedad seca tiene un color claro; se puede sustituir por vino blanco. La variedad dulce tiene un color rojo pálido y es ligeramente dulce; se sirve como aperitivo o como un ingrediente del Manhattan.

Guisado de Cerdo a las Hierbas y Verduras

4 chuletas de cerdo, sin hueso, en cubos de 2 cm
2 cucharaditas de aceite de oliva
⅓ de taza de harina
840 ml de caldo de res
1 lata (420 g) de tomates picados con ajo y cebolla
3 hojas de laurel
1 cucharadita de mejorana seca
½ cucharadita de salsa picante
¼ de cucharadita de sal
8 papas (patatas) nuevas, en cuartos
1 paquete (450 g) de zanahorias baby
1 paquete (450 g) de cebollas de cambray congeladas

Caliente el horno a 180 °C. Caliente el aceite en una sartén antiadherente grande. Fría las chuletas, una mitad a la vez, de 2 a 3 minutos o hasta que se doren. Retire de la sartén; reserve la grasa. Transfiera la carne a una olla de 4 litros de capacidad. Agregue la harina a la grasa; añada el consomé, los tomates, las hojas de laurel, la mejorana, la salsa picante y la sal. Fría hasta que se espese y burbujee. Incorpore la mezcla de tomate a la de cerdo. Agregue las papas, las zanahorias y las cebollas. Cubra y hornee de 55 a 60 minutos o hasta que las zanahorias estén listas; revuelva ocasionalmente. Retire las hojas de laurel. Sirva en tazones.

Rinde 6 porciones

285

Guisado de Cerdo y Verduras con Tallarines

2 cucharadas de aceite vegetal
450 g de carne magra de cerdo, sin hueso, en cubos de 2 cm
3 tazas de caldo de res
3 cucharadas de perejil fresco picado
1 lata (420 g) de tomates estofados
1 zanahoria grande rebanada
3 cebollines rebanados
2 cucharaditas de mostaza Dijon
¼ de cucharadita de salvia frotada
⅛ de cucharadita de pimienta negra
3 tazas de tallarines sin cocer
1 cucharadita de mantequilla o margarina
⅓ de taza de agua fría
2 cucharaditas de harina de trigo
Manzanas y perejil para adornar

286

Caliente el aceite en una olla grande a fuego medio-alto. Agregue la carne y dórela; revuelva frecuentemente. Con cuidado, vacíe el caldo. Añada 1 cucharada de perejil, los tomates, la zanahoria, los cebollines, la mostaza, la salvia y la pimienta. Ponga a hervir a fuego alto. Reduzca el fuego a medio-bajo; hierva, sin tapar, por 30 minutos.

Mientras tanto, cueza los tallarines de acuerdo con las instrucciones de la envoltura; escúrralos. Incorpore 2 cucharadas de perejil picado y la mantequilla; revuelva un poco. Mantenga caliente hasta el momento de servir.

Vierta el agua fría en la harina y revuelva hasta que se incorporen. Vacíe en el guisado. Cueza a fuego medio hasta que se espese un poco. Para servir, coloque tallarines en cada plato. Sirva el guisado sobre los tallarines. Adorne al gusto.   *Rinde 4 porciones*

Guisado de Res con Chirivía

565 g de carne de res para cocido, en cubos de 2 cm
½ taza de harina de trigo
2 cucharadas de aceite vegetal
4½ tazas de caldo de res
½ taza de vino tinto seco
1 cucharadita de sal
½ cucharadita de sazonador italiano
⅛ de cucharadita de pimienta negra
225 g de zanahorias baby peladas
2 chirivías, peladas y en rebanadas de 1 cm
¾ de taza de tirabeques (vainas)

1. Cubra la carne con harina. Caliente el aceite en una sartén grande a fuego medio-alto. Agregue la carne y el resto de la harina, y dore; revuelva frecuentemente.

2. Añada el caldo, el vino, la sal, el sazonador y la pimienta. Ponga a hervir a fuego alto. Reduzca el fuego a medio-bajo; hierva, sin tapar, por 1 hora.

3. Incorpore las zanahorias. Cueza durante 15 minutos. Agregue la chirivía y cueza por 8 minutos o hasta que las verduras y la carne estén suaves.

4. Añada los tirabeques. Caliente a fuego medio.

Rinde 5 porciones

Las chirivías son verduras de raíz que tienen forma de zanahoria, aunque son más anchas y la parte superior tiene un color marfil. Tienen un distintivo y dulce sabor a nuez. Aunque se pueden encontrar durante todo el año, la mejor época es en otoño e invierno.

Guisado de Res con Chirivía

Guisado de Ostras con Maíz

40 ostras medianas *o* **500 g de ostras frescas sin concha, con su jugo**
1 lata (435 g) de crema de maíz
1 taza de leche
¼ de cucharadita de sal
¼ de cucharadita de semillas de apio
Pizca de pimienta blanca
4 cucharadas de mantequilla o margarina
1 tallo de apio picado
1 taza de crema
Hojas de apio y ralladura de cáscara de limón para adornar

1. Talle bien las ostras con un cepillo duro bajo el chorro de agua fría. Remójelas en una mezcla de ⅓ de taza de sal y 3.750 litros de agua durante 20 minutos. Escurra el agua y repita el procedimiento 2 veces más.

2. Coloque en un platón y refrigere por 1 hora para permitir que las ostras se relajen.

3. Saque las ostras de la concha y guarde el jugo. Refrigere las ostras. Cuele el jugo en una manta de cielo sobre un recipiente chico.

4. Coloque el maíz, la leche, ¼ de cucharadita de sal, las semillas de apio y la pimienta en una olla grande. Ponga a hervir a fuego medio.

5. Derrita la mantequilla en una sartén mediana a fuego medio-alto. Agregue el apio y cueza de 8 a 10 minutos o hasta que tenga una consistencia suave. Vierta el jugo reservado; ponga a calentar. Añada las ostras y caliente por unos 10 minutos, justo hasta que las orillas de las ostras empiecen a ondularse.

6. Incorpore la mezcla de ostra y la crema a la de maíz. Caliente a fuego medio-alto. *No deje hervir.*

7. Sirva en platos hondos anchos. Adorne, si lo desea.

Rinde 6 porciones

290

Guisado Jamaiquino de Frijoles Negros

2 tazas de arroz integral
900 g de camotes (batatas)
1.350 kg de calabaza almizclera
1 cebolla grande poco picada
400 ml de caldo de verduras
3 dientes de ajo picados
1 cucharada de curry en polvo
1½ cucharaditas de pimienta inglesa molida
½ cucharadita de pimienta roja molida
¼ de cucharadita de sal
2 latas (de 435 g cada una) de frijoles negros, escurridos y enjuagados
½ taza de uvas pasa
3 cucharadas de jugo de limón
1 taza de tomates rojos picados
1 taza de pepino pelado picado

292

1. Prepare el arroz de acuerdo con las instrucciones de la envoltura. Pele los camotes; córtelos en trozos de 2 cm y obtenga 4 tazas. Pele la calabaza y quite las semillas. Corte la pulpa en cubos de 2 cm y obtenga 5 tazas.

2. Combine los camotes, la calabaza, la cebolla, el caldo, el ajo, el curry en polvo, la pimienta inglesa, la pimienta y la sal en una olla grande. Ponga a hervir; reduzca el fuego a bajo. Tape y hierva durante 5 minutos. Agregue los frijoles y las pasas. Hierva por 5 minutos o hasta que los camotes y las calabazas estén cocidos y los frijoles calientes. Retire del fuego; vierta el jugo de limón.

3. Sirva el guisado sobre arroz y corone con el tomate y el pepino.   *Rinde 8 porciones*

Guisado Jamaiquino de Frijoles Negros

Guisado Criollo de Camarones

1½ **tazas de camarones chicos crudos, pelados**
1 **bolsa (450 g) de verduras mixtas congeladas, como brócoli, coliflor y pimientos rojos**
1 **lata (420 g) de tomates rojos picados**
1½ **cucharaditas de sal**
1 **cucharadita de salsa picante**
1 **cucharadita de aceite vegetal**

- Combine todos los ingredientes en una olla grande.

- Tape y ponga a hervir. Reduzca el fuego a medio-bajo; cueza por 20 minutos o hasta que los camarones se tornen opacos.
Rinde 4 porciones

Sugerencia para Servir: Sirva sobre arroz español o blanco y con salsa picante adicional para adquirir un sabor más picante.

294

Nutritivo Guisado de Lentejas

2 **cucharadas de aceite de oliva**
3 **zanahorias medianas rebanadas**
3 **tallos de apio rebanados**
1 **taza de lentejas**
3 **tazas de agua**
1 **cucharada de ajo con hierbas en polvo**
1 **cucharada de vinagre de manzana o de vino tinto**
Arroz integral cocido caliente, couscous o pasta

Caliente el aceite en una olla de 3 litros de capacidad a fuego medio; fría las zanahorias y el apio, revolviendo ocasionalmente, durante 3 minutos. Agregue las lentejas y cueza por 1 minuto. Vierta 2 tazas de agua. Ponga a hervir a fuego alto. Reduzca el fuego a bajo; tape y cueza, revolviendo de vez en cuando, durante 25 minutos. Añada el ajo mezclado con el agua restante. Tape y cueza por 10 minutos más o hasta que las lentejas estén suaves. Agregue el vinagre. Sirva sobre el arroz caliente.
Rinde unas 4 porciones

Guisado Criollo de Camarones

Chili de Pollo

1 cucharada de aceite vegetal
450 g de carne molida de pollo o pavo
1 cebolla mediana picada
1 pimiento morrón verde picado
2 chiles jalapeños,* picados
1 lata (840 g) de tomates, picados, sin escurrir
1 lata (435 g) de frijoles (judías) rojos, escurridos
1 lata (225 g) de salsa de tomate
1 cucharada de chile en polvo
1 cucharadita de sal
1 cucharadita de orégano seco
1 cucharadita de comino molido
¼ de cucharadita de pimienta roja molida
½ taza (60 g) de queso cheddar rallado

*Los chiles jalapeños pueden irritar la piel; utilice guantes de hule cuando los maneje y no se talle los ojos. Lávese las manos después de trabajar con ellos.

Caliente el aceite en una olla de 5 litros de capacidad, o en una sartén grande, a fuego medio-alto. Fría el pollo, la cebolla y el pimiento hasta que el pollo pierda su color rosado y las cebollas estén suaves; revuelva frecuentemente para desbaratar el pollo. Agregue los jalapeños, los tomates con su jugo, los frijoles, la salsa de tomate, el chile en polvo, la sal, el orégano, el comino y la pimienta. Ponga a hervir a fuego alto. Reduzca el fuego a medio-bajo. Cueza, sin tapar, por 45 minutos para que se mezclen los sabores. Sirva en 6 tazones y corone con queso.   *Rinde 6 porciones*

Si usted cree que todos

los chilis son iguales,

eche un vistazo a esta

variada colección.

Todos están aquí:

desde el tradicional

de res con frijoles,

hasta los de pollo, de

salchicha y los que no

tienen carne.

Chili de Pollo

Chili de 7 Especias con Cubierta de Pan de Maíz

450 g de carne molida de pavo o magra de res
1 frasco (450 g) de salsa picante para chili de 7 especias
1 lata (450 g) de frijoles (judías) rojos, escurridos y enjuagados
¾ de taza de agua
1 paquete (360 g) de harina de maíz para muffin
1 lata (210 g) de granos de maíz con pimientos rojos y verdes, escurridos
1 taza (120 g) de queso cheddar rallado

En una sartén grande, dore el pavo; escurra. Agregue la salsa de 7 especias, los frijoles y el agua. Ponga a hervir; reduzca el fuego y cueza durante 10 minutos.

Divida entre 6 moldes metálicos redondos (de 360 g).

Mientras tanto, prepare la harina de acuerdo con las instrucciones de la envoltura. Agregue el maíz y el queso; revuelva bien.

Vierta más o menos ½ taza de la mezcla de muffin en cada molde. Hornee a 200 °C durante 15 minutos o hasta que la parte superior se haya dorado.   *Rinde 6 porciones*

Sencillo Chili de Pavo

450 g de carne molida de pavo
1 cebolla pequeña picada
1 lata (840 g) de tomates picados, sin escurrir
1 lata (400 g) de frijoles (judías) negros
1 lata (400 g) de garbanzos escurridos y enjuagados
1 lata (400 g) de frijoles (judías) rojos, escurridos y enjuagados
1 lata (180 g) de salsa de tomate
1 lata (120 g) de chiles verdes picados
1 a 2 cucharadas de chile en polvo, al gusto

Fría el pavo y la cebolla en una olla grande, a fuego medio-alto, hasta que el pavo pierda su color rosado; revuelva constantemente con una cuchara para desbaratar la carne. Escurra la grasa. Agregue los ingredientes restantes. Ponga a hervir. Reduzca el fuego y hierva, revolviendo sin cesar, por unos 20 minutos.   *Rinde 8 porciones*

Chili Blanco Sureño

MEZCLA DE ESPECIAS
- 1 cucharadita de ajo en polvo
- 1 cucharadita de comino molido
- ½ cucharadita de orégano seco
- ½ cucharadita de cilantro seco
- ⅛ a ¼ de cucharadita de pimienta roja molida

CHILI
- 1 cucharada de aceite de oliva
- 675 g de pechugas de pollo, deshuesadas y sin piel, en cubos de 1.5 cm
- ¼ de taza de cebolla picada
- 1 taza de consomé de pollo
- 1 lata (120 g) de chiles verdes picados, sin escurrir
- 1 lata (540 g) de alubias, sin escurrir
- Queso para fundir rallado
- Rebanadas de cebolleta, para adornar

1. Coloque todos los ingredientes de la mezcla de especias en un recipiente pequeño; revuelva bien.

2. Caliente el aceite en una olla de 3 litros de capacidad a fuego medio-alto. Agregue el pollo; fría de 4 a 5 minutos. Retire el pollo con una cuchara ranurada; tape y mantenga caliente.

3. Añada la cebolla picada a la olla; fría durante 2 minutos. Incorpore el consomé de pollo, los chiles y las especias reservadas. Cueza a fuego bajo por 20 minutos.

4. Agregue las alubias y el pollo reservado; cueza, sin tapar, durante 10 minutos.

5. Sirva en platos individuales, y espolvoree con queso y cebolletas.   *Rinde 4 porciones*

Sugerencia para Servir: Para preparar una guarnición rápida, bata un poco de harina para pan de maíz o para muffin de maíz. Para un sabor más fuerte, agregue queso rallado, cebolletas picadas, jalapeños o tocino (beicon) frito a la masa.

Chili de Alubias

Aceite en aerosol
450 g de carne molida de pollo
3 tazas de apio poco picado
1½ tazas de cebolla poco picada (unas 2 medianas)
3 dientes de ajo picados
4 cucharaditas de chile en polvo
1½ cucharaditas de comino en polvo
¾ de cucharadita de pimienta inglesa molida
¾ de cucharadita de canela en polvo
½ cucharadita de pimienta negra
1 lata (450 g) de tomates enteros, picados y sin escurrir
1 lata (435 g) de alubias, escurridas y enjuagadas
2 tazas de consomé de pollo

1. Rocíe una sartén antiadherente grande con aceite en aerosol; caliente a fuego medio. Agregue el pollo y fría hasta que se dore; desmenuce el pollo con un tenedor. Retire el pollo y escurra la grasa de la sartén.

2. Añada el apio, la cebolla y el ajo a la sartén. Fría a fuego medio de 5 a 7 minutos o hasta que esté suave. Sazone con chile en polvo, comino, pimienta inglesa, canela y pimienta; fría durante 1 minuto.

3. Regrese el pollo a la sartén. Incorpore los tomates con su jugo, las alubias y el consomé. Ponga a hervir; reduzca el fuego a bajo y cueza, sin tapar, por 15 minutos. Adorne, si lo desea.

Rinde 6 porciones

Se puede sustituir la carne molida de pavo por carne molida de pollo. Si desea reducir la cantidad de grasa, elija carne magra de pavo, como la de la pechuga.

Chili de Alubias

Chili de Res y Verduras

1 pieza (450 g) de bistec de lomo de res, en trozos de 0.5 cm
1 cucharada de aceite vegetal
1 taza de pimiento morrón verde, poco picado
½ taza de cebolla poco picada
1 diente de ajo picado
3 a 4 cucharadas de chile en polvo
2 latas (450 g) de tomates, sin escurrir y poco picados
¾ de taza de salsa para carne con especias
1 lata (480 g) de maíz, escurrido
1 lata (435 g) de frijoles (judías) rojas, escurridas

Dore la carne en el aceite, en una olla de 6 litros de capacidad a fuego medio-alto; escurra si es necesario. Reduzca el fuego a medio; agregue el pimiento, la cebolla y el ajo. Fría hasta que las verduras estén suaves, por unos 3 minutos. Agregue el chile en polvo; fría durante 1 minuto. Añada los tomates con su líquido y la salsa para carne; ponga a hervir.

Reduzca el fuego. Tape y cueza por 45 minutos; revuelva ocasionalmente. Añada el maíz y los frijoles; cueza durante 15 minutos más o hasta que la carne esté suave. Sirva de inmediato. Adorne al gusto.

Rinde 6 porciones

Delicioso Chili

900 g de salchicha de cerdo
1½ tazas de cebolla picada
1 paquete (45 g) de sazonador para chili
3 tazas de salsa de tomate
3 tazas de jugo de tomate
1 lata (900 g) de frijoles (judías) rojos

Desmorone la salchicha en una olla grande. Agregue la cebolla; fría a fuego medio hasta que la salchicha se haya dorado; revuelva ocasionalmente. Escurra la grasa; añada el sazonador y luego el resto de los ingredientes. Ponga a hervir a fuego alto. Reduzca el fuego a bajo; cueza, sin tapar, por 30 minutos. Sirva caliente. Refrigere el sobrante.

Rinde 8 porciones

Chili de Res y Verduras

Chili Olé en 30 Minutos

1 taza de cebolla picada
2 dientes de ajo picados
1 cucharada de aceite vegetal
900 g de carne molida de res
1 lata (435 g) de salsa de tomate
1 lata (420 g) de tomates rojos estofados
¾ de taza de salsa para carne
1 cucharada de chile en polvo
1 cucharadita de comino molido
1 lata (450 g) de frijoles (judías) negros, escurridos y enjuagados
1 lata (315 g) de maíz, escurrido
Queso rallado, crema agria y tomates picados, para adornar

Saltee la cebolla y el ajo en el aceite, en una olla pesada de 6 litros de capacidad a fuego medio-alto, hasta que se suavicen.

304

Agregue la carne y dore; escurra la grasa. Añada la salsa de tomate, los tomates, la salsa para carne, el chile en polvo y el comino.

Ponga a hervir; reduzca el fuego a bajo. Tape y cueza por 10 minutos; revuelva ocasionalmente. Incorpore los frijoles y el maíz; cueza, sin tapar, durante 10 minutos.

Sirva caliente, adorne con queso, crema y tomates.

Rinde 8 porciones

Chili Olé en 30 Minutos

Pavo con Chile Verde y Licor de Café

1.500 kg de muslos de pavo
¼ de taza de aceite de oliva
2 cebollas medianas picadas
12 dientes grandes de ajo pelados y picados
1 pimiento morrón verde grande, picado
2 cucharadas de harina de trigo
1 lata (840 g) de tomates estilo italiano, escurridos y picados
420 ml de consomé de pollo
1 lata (380 g) de tomatillo,* escurridos y machacados
1½ tazas de cilantro picado
4 latas (210 g) de chiles verdes picados
½ taza de licor de café
2 chiles jalapeños picados**
5 cucharaditas de orégano seco
2 cucharaditas de semillas de cilantro molidas
2 cucharaditas de comino molido
Sal, pimienta negra recién molida y jugo de limón

*Los tomatillos (tomates verdes) se pueden encontrar en la sección de verduras de los supermercados.

**Los chiles jalapeños pueden irritar la piel; utilice guantes de hule cuando los maneje y no se talle los ojos. Lávese las manos después de trabajar con ellos.

En una sartén grande, dore los muslos en el aceite de oliva a fuego alto, volteándolos ocasionalmente, por unos 15 minutos. Transfiéralos a un molde grande para hornear. Deseche la grasa de la sartén, excepto ¼ de taza. Agregue la cebolla, el ajo y los pimientos. Cueza a fuego medio hasta que se suavicen, durante unos 10 minutos; revuelva a menudo. Añada la harina y fría de 3 a 4 minutos. Incorpore los tomates, el consomé, los tomatillos, el cilantro, los chiles verdes, el licor de café, los chiles jalapeños, el orégano, el cilantro y el comino. Ponga a hervir. Coloque los muslos en el molde. Cubra con papel de aluminio y hornee a 180 °C durante 1 hora.

Retire del horno y quite el aluminio. Deje enfriar el pavo. Cuando esté lo suficientemente frío para manejarlo, retire la piel y los huesos. Corte la carne en cubos de 1.5 cm y colóquelos en una olla grande con la salsa. Cueza a fuego medio hasta que se calienten bien. Sazone al gusto con sal, pimienta y jugo de limón. Sirva caliente; adorne al gusto.

Rinde unas 16 porciones

Sustancioso Chili

1 cucharada de aceite vegetal
340 g de carne molida de pavo o de res, sin grasa
1 paquete (225 g) de champiñones rebanados
2 zanahorias medianas peladas y picadas
1 pimiento morrón verde grande, sin semillas y picado
1 cebolla mediana picada
2 dientes de ajo picados
1½ cucharaditas de chile en polvo
½ cucharadita de comino molido
1 frasco (800 g) de salsa para espagueti
2 latas (de 435 a 540 g) de frijoles (judías) negros, sin escurrir
1 taza de agua
1 calabacita mediana picada

Caliente el aceite en una olla de 5 litros de capacidad a fuego medio-alto. Agregue el pavo y fría hasta que pierda su color rosado. Añada los champiñones, las zanahorias, el pimiento, la cebolla, el ajo, el chile en polvo y el comino. Cueza hasta que la cebolla esté suave; revuelva a menudo.

Incorpore la salsa para espagueti, los frijoles con su líquido y el agua; ponga a hervir. Reduzca el fuego a bajo; tape y deje hervir por 20 minutos. Agregue la calabacita y cueza a fuego medio-bajo, sin tapar, durante 10 minutos o hasta que la calabacita se haya cocido. Sirva caliente.

Rinde 6 porciones

Chili de Bistec con Frijoles Negros

340 g de bistec de sirloin de res
1 cucharadita de aceite vegetal
1 taza de cebolla picada
2 dientes de ajo picados
2 latas (de 435 g cada una) de frijoles (judías) negros, enjuagados y escurridos
1 lata (de 435 g) de tomates rojos picados, sin escurrir
1 taza de pimiento morrón verde picado
1 taza de pimiento morrón rojo picado
1 chile jalapeño* picado
1 cubito de caldo de res
2 cucharadas de chile en polvo
½ cucharadita de azúcar
1 taza de tomate rojo picado
⅔ de taza de cebollín entero rebanado
6 cucharadas de crema agria baja en grasa

308

*Los chiles jalapeños pueden irritar la piel; utilice guantes de hule cuando los maneje y no se talle los ojos. Lávese las manos después de trabajar con ellos.

1. Quite la grasa de la carne. Corte la carne en cubos de 1.5 cm. Caliente el aceite en una sartén antiadherente grande a fuego medio. Agregue la carne, la cebolla y el ajo. Fría durante 5 minutos o hasta que la carne pierda su color rosado. Añada los frijoles, los tomates con su jugo, los pimientos, los chiles jalapeños, el cubo de caldo, el chile en polvo y el azúcar. Ponga a hervir; reduzca el fuego a bajo. Cueza, sin tapar, de 30 a 45 minutos.

2. Corone con el tomate, el cebollín y la crema.

Rinde 6 porciones

Chili de Bistec con Frijoles Negros

Chili Arizona de Cerdo

1 cucharada de aceite vegetal
675 g de carne de cerdo, sin hueso, en cubos de 0.5 cm
   Sal y pimienta negra (opcional)
1 lata (435 g) de frijoles (judías) negros o rojos, escurridos
1 lata (420 g) de tomates picados con ajo y cebolla, sin escurrir
1 lata (120 g) de chiles verdes picados, escurridos
1 cucharadita de comino molido

1. Caliente el aceite en una sartén grande a fuego medio-alto. Agregue la carne y dórela. Sazone con sal y pimienta al gusto, si lo desea.

2. Añada los frijoles, los tomates, los chiles y el comino. Cueza por 10 minutos; revuelva ocasionalmente. Sirva con tortillas y crema agria, si lo desea. *Rinde 6 porciones*

310
Chili Espeso con Carne

900 g de carne molida de res
1 taza de cebolla picada
1 cucharada de ajo fresco picado
1 lata (420 g) de tomates rojos enteros
420 ml de caldo de res
1 lata (180 g) de pasta de tomate
3 cucharadas de chile en polvo
1 cucharadita de comino molido
1 cucharadita de sal
½ cucharadita de orégano seco y salsa de pimienta de Cayena
1 lata (900 g) de chili con frijoles

En una olla grande, dore la carne con la cebolla y el ajo a fuego medio; escurra la grasa. Agregue los tomates, el caldo, la pasta de tomate, el chile en polvo, el comino, la sal, el orégano y la salsa de Cayena. Reduzca el fuego a bajo y cueza por 20 minutos. Añada los frijoles; cueza durante 10 minutos. *Rinde de 6 a 8 porciones*

Chili Arizona de Cerdo

Chili BBQ Sureño

250 g de carne molida de res
1 cebolla mediana picada
1 diente de ajo picado
1 lata (420 g) de tomates picados con pimiento verde y cebolla
¼ de taza de salsa
1 lata (435 g) de frijoles (judías) estilo barbecue
1 lata (435 g) de frijoles (judías) negros, escurridos
1 lata (245 g) *o* 1 taza de frijoles (judías) rojos, escurridos

1. Dore la carne con la cebolla y el ajo en una olla grande; escurra.

2. Agregue los tomates, la salsa y los frijoles. Tape y cueza por 15 minutos. Sirva con crema agria y cebollín rebanado, si lo desea.

Rinde 6 porciones

Tiempo de Preparación: 5 minutos
Tiempo de Cocción: 20 minutos

312

Chili con Masa de Maíz

675 g de carne molida de res
1¼ tazas de pimiento morrón verde finamente picado
½ taza de cebolla picada
1 diente de ajo picado
½ taza de salsa para carne con especias
3 tomates rojos grandes picados (unas 3½ tazas)
1 paquete (40 g) de sazonador para taco
¼ de cucharadita de comino molido
½ cucharadita de hojuelas de chile rojo machacadas
1 paquete (195 g) de harina de maíz para muffin
⅓ de taza de leche
1 huevo
½ taza de queso cheddar rallado (60 g)
¼ de taza de cebollín rebanado

Fría la carne, los pimientos, la cebolla y el ajo en una sartén grande a fuego medio-alto hasta que se dore la carne; revuelva ocasionalmente. Agregue la salsa para carne, los tomates, el sazonador, el comino y las hojuelas de chile. Ponga a hervir. Reduzca el fuego. Tape y cueza de 10 a 15 minutos para que se mezclen los sabores.

Mientras tanto, prepare la harina para muffin de acuerdo con las instrucciones de la envoltura, con leche y huevo. Deje caer 6 montoncitos de masa sobre la mezcla de chili. Tape y cueza de 10 a 12 minutos. (No levante la tapa.) Espolvoree con queso y cebollín. Sirva de inmediato.   *Rinde 6 porciones*

Chili con Carne

    2 cucharadas de aceite vegetal
    2 tazas de cebolla picada
    1 pimiento morrón verde, sin semillas y picado
    3 dientes de ajo picados
  900 g de carne de res, sin grasa, poco molida
    2 tazas de frijoles (judías) rojos, remojados durante toda la noche
    1 frasco (1 litro) de salsa para espagueti
    2 a 3 cucharadas de chili en polvo
    1 cucharadita de comino molido
      Sal y pimienta negra
    1 taza de apio picado
    1 lata (245 g) de granos de maíz, escurridos
      Crema agria y gajos de limón (opcional)

Caliente el aceite en una olla grande a fuego medio-alto. Agregue la cebolla, el pimiento y el ajo; fría hasta que las verduras estén suaves. Añada la carne y dórela. Incorpore los frijoles, la salsa para espagueti, el agua, el chile en polvo, el comino, sal y pimienta negra al gusto. Deje hervir, sin tapar, durante 1 hora; revuelva frecuentemente. Agregue el apio y el maíz; deje hervir por 1 hora. Adorne con crema y gajos de limón, si lo desea.   *Rinde 8 porciones*

Nota: Para preparar un chili vegetariano, puede sustituir la carne por tres tazas de arroz cocido.

Chili Texas

4 cucharadas de aceite vegetal
2 cebollas grandes picadas
3 dientes grandes de ajo picados
900 g de sirloin, sin hueso, en cubos de 1.5 cm
450 g de carne molida de res
2 latas (de 450 g cada una) de puré de tomate
1 lata (de 435 a 540 g) de frijoles (judías) rojos, sin escurrir
⅓ de taza de salsa de pimienta de Cayena
¼ de taza de chile en polvo
2 cucharadas de comino molido
1 cucharada de orégano seco
½ cucharadita de pimienta negra molida

1. Caliente 1 cucharada de aceite en una olla de 5 litros de capacidad. Agregue la cebolla y el ajo; fría durante 5 minutos o hasta que estén suaves. Transfiera a un recipiente pequeño.

2. Caliente el aceite restante en la olla. Añada el sirloin y la carne molida en tandas; fría por unos 15 minutos o hasta que se dore. Escurra la grasa.

3. Incorpore el resto de los ingredientes. Ponga a hervir a fuego medio-alto. Regrese la cebolla y el ajo a la olla. Cueza, parcialmente tapado, durante 1 hora o hasta que la carne esté suave. Adorne con queso cheddar rallado y cebollín picado, si lo desea.

Rinde 10 porciones

Tiempo de Preparación: 15 minutos
Tiempo de Cocción: 1 hora 20 minutos

Chili Texas

Chili a la Texana

Aceite en aerosol
450 g de carne de res, sin hueso, en trozos de 1.5 cm
2 tazas de cebolla picada
5 dientes de ajo picados
2 cucharadas de chile en polvo
1 cucharada de comino molido
1 cucharadita de cilantro molido
1 cucharadita de orégano seco
2½ tazas de caldo de res con poca sal
1 taza de salsa picante
2 latas (de 450 g cada una) de frijoles (judías) rojos, enjuagados y escurridos
½ taza de cilantro fresco picado
½ taza de crema agria sin grasa
1 taza de tomates rojos picados

1. Rocíe una olla grande con aceite en aerosol; caliente a fuego medio-alto. Agregue la carne, la cebolla y el ajo; fría hasta que la carne pierda su color rosado, por unos 5 minutos. Espolvoree con el chile en polvo, el comino, el cilantro molido y el orégano; revuelva. Vierta el caldo y la salsa; deje hervir. Tape y hierva durante 45 minutos.

2. Incorpore los frijoles y continúe cociendo, sin tapar, por 30 minutos o hasta que la carne se haya cocido y la salsa se espese; revuelva ocasionalmente.

3. Agregue el cilantro. Sirva en tazones. Corone con crema y tomates. Adorne con chiles jalapeños en escabeche, si lo desea.

Rinde 8 porciones

Chili a la Texana

Chili Blanco Invierno

250 g de lomo de cerdo, sin hueso, en trozos de 1.5 cm
½ taza de cebolla picada
1 cucharadita de aceite vegetal
1 lata (450 g) de alubias, escurridas
1 lata (450 g) de garbanzos, escurridos
1 lata (450 g) de granos de maíz, escurridos
420 ml de consomé de pollo
1 taza de arroz salvaje cocido
1 lata (120 g) de chiles verdes picados, escurridos
1½ cucharaditas de comino molido
¼ de cucharadita de ajo en polvo
⅛ de cucharadita de salsa picante
Perejil picado y queso rallado

En una olla de 4 litros de capacidad, saltee la carne y la cebolla a fuego medio-alto, hasta que la cebolla esté suave y la carne se dore un poco, por unos 5 minutos. Agregue los demás ingredientes, excepto el perejil y el queso. Tape y cueza durante 20 minutos. Sirva cada porción adornada con perejil y queso rallado.

Rinde 6 porciones

Tiempo de Preparación: 10 minutos
Tiempo de Cocción: 25 minutos

318

Chili para Días Fríos

- 2 cebollas medianas picadas
- 1 pimiento morrón verde picado
- 2 cucharadas de aceite vegetal
- 900 g de carne molida de res
- 2 a 3 cucharadas de chile en polvo
- 1 lata (420 g) de tomates rojos picados
- 1 lata (435 ml) de salsa de tomate
- ½ taza de salsa catsup
- 1 cucharadita de sal
- ¼ de cucharadita de pimienta negra
- 2 latas (440 g cada una) de frijoles (judías) rojas, parcialmente escurridos

En una olla grande, fría la cebolla y los pimientos hasta que estén suaves. Agregue la carne y fría hasta que pierda su color rosado; revuelva ocasionalmente. Escurra el exceso de grasa. Añada el chile en polvo y luego los tomates, la salsa de tomate, la catsup, la sal y la pimienta. Cueza, sin tapar, por 30 minutos; revuelva de vez en cuando. Incorpore los frijoles y cueza durante 15 minutos más.

Rinde 8 porciones (unas 8 tazas)

319

Chili Texas Ranch

- 450 g de carne molida de res
- 1 lata (840 g) de tomates enteros pelados, sin escurrir
- 2 latas (de 440 g cada una) de frijoles con chile
- 1 taza de cebollas picadas
- 1 taza de agua
- 1 paquete (30 g) de aderezo Ranch en polvo
- 1 cucharadita de chile en polvo
- 1 hoja de laurel

En una olla, dore la carne a fuego medio-alto; escurra la grasa. Agregue los tomates; demenúcelos con la cuchara. Añada los frijoles, la cebolla, el agua, el aderezo, el chile en polvo y una hoja de laurel. Ponga a hervir. Reduzca el fuego y cueza, sin tapar, durante 1 hora; revuelva ocasionalmente. Retire la hoja de laurel justo antes de servir.

Rinde 8 porciones

Chili Caribeño

1 cucharada de aceite de oliva
1 cebolla grande picada
2 dientes de ajo picados
1 chile jalapeño* sin semillas y picado
2 pimientos morrones rojos o verdes picados
1 cucharada más 2 cucharaditas de pimentón dulce
1 cucharada más 2 cucharaditas de chile en polvo
2 cucharaditas de comino molido
2 cucharaditas de azúcar
½ cucharadita de sal
¼ de cucharadita de clavo molido
1 lata (180 g) de pasta de tomate
3 tazas de agua
1 lata (435 g) de frijoles (judías) rojos, escurridos
1 lata (435 g) de alubias escurridas
1 lata (435 g) de frijoles (judías) negros, escurridos
1 cucharada de vinagre balsámico
Salsa de Mango (receta en la página 322)
Arroz integral cocido caliente

*Los chiles jalapeños pueden irritar la piel; utilice guantes de hule cuando los maneje y no se talle los ojos. Lávese las manos después de trabajar con ellos.

1. Caliente el aceite en una olla grande a fuego medio. Agregue la cebolla y el ajo; fría durante 4 minutos. Añada los chiles jalapeños y los pimientos; fría por 5 minutos o hasta que estén suaves.

2. Incorpore el pimentón, el chile en polvo, el comino, el azúcar, la sal y los clavos; fría durante 1 minuto.

3. Agregue la pasta de tomate y el agua; mezcle bien. Ponga a hervir a fuego alto. Reduzca el fuego a bajo. Tape y cueza por 15 minutos. Añada los frijoles y el vinagre; tape parcialmente y cueza durante 15 minutos.

4. Mientras tanto, prepare la Salsa de Mango.

5. Sirva sobre arroz caliente. Corone con la Salsa de Mango. Adorne, si lo desea.

Rinde 6 porciones (de 1 taza)

continúa en la página 322

Chili Caribeño

320

Chili Caribeño, continuación

Salsa de Mango

1 mango grande, pelado y en cubos de 2 cm
1 plátano pequeño firme, pelado y picado
3 cucharadas de cilantro fresco picado
1 cucharada de jugo concentrado de naranja descongelado
1 cucharadita de vinagre balsámico

Mezcle el mango, el plátano y el cilantro en un recipiente mediano. Revuelva el jugo concentrado y el vinagre. Vierta sobre la fruta y combine.   *Rinde 1¼ tazas*

Chili Vegetariano con Frijoles Negros

1 cucharada de aceite de oliva
2 cebollas finamente picadas
1 pimiento morrón verde picado
1 cucharadita de comino molido
1 cucharadita de ajo picado
1 a 2 chipotles enlatados, sin tallo y picados, con semillas*
4 latas (de 435 g cada una) de frijoles (judías) negros, enjuagados y escurridos
1 lata (435 g) de granos de maíz, escurridos
1 lata (435 g) de tomates rojos picados, sin escurrir
1 lata (180 g) de pasta de tomate más 3 latas de agua
½ cucharadita de sal
½ cucharadita de pimienta negra
  Crema agria
  Tortillas de harina integral (opcional)

*El chipotle viene en latas de 210 g en salsa de adobo. Los chiles sin usar se pueden congelar en una bolsa de plástico pequeña para algún uso posterior. Utilice 1 chile si quiere un guiso no muy picante y 2 chiles para un sabor más fuerte.

1. Caliente el aceite de oliva en una olla. Reserve ½ taza de cebolla picada. Agregue el resto de la cebolla y el pimiento a la olla; fría por 5 minutos o hasta que se suavicen. Añada el comino; fría durante 10 segundos. Incorpore el ajo y fría por 1 minuto.

2. Agregue el chipotle, los frijoles, el maíz, los tomates con su jugo, la pasta de tomate, el agua, la sal y la pimienta. Ponga a hervir. Reduzca el fuego y cueza durante 30 minutos.

3. Sirva con crema agria, la cebolla que reservó y las tortillas, si lo desea.

Rinde 8 porciones

Chili con Garbanzos y Arroz

⅔ de taza de arroz vaporizado
1 lata (435 g) de garbanzos, sin escurrir
1 lata (435 g) de tomates rojos picados, sin escurrir
1 lata (225 g) de chiles verdes picados
1 taza de maíz congelado
¼ de taza de cilantro fresco picado
1 cucharada de sazonador para taco
½ taza (60 g) de queso cheddar rallado

323

1. En una olla mediana, ponga a hervir 1¾ tazas de agua y el arroz. Tape; reduzca el fuego y deje hervir por 15 minutos.

2. Agregue el resto de los ingredientes, excepto el queso. Cueza a fuego bajo durante 10 minutos. Sirva en tazones espolvoreados con queso.

Rinde 4 porciones

Ayuda

Para completar el platillo, sirva este chili vegetariano con fruta y pan de maíz recién horneado.

Chili con Alubias y Maíz

1 lata (450 g) de alubias de ojo, escurridas y enjuagadas
1 lata (450 g) de alubias, escurridas y enjuagadas
1 lata (435 g) de tomates rojos enteros, picados y escurridos
1 cebolla picada
1 taza de maíz congelado o enlatado
1 taza de agua
½ taza de cebollín picado
½ taza de pasta de tomate
¼ de taza de chiles jalapeños picados*
1 cucharada de chile en polvo
1 cucharadita de comino molido
1 cucharadita de mostaza
½ cucharadita de orégano seco

*Los chiles jalapeños pueden irritar la piel; utilice guantes de hule cuando los maneje y no se talle los ojos. Lávese las manos después de trabajar con ellos.

324

INSTRUCCIONES PARA COCCIÓN LENTA
Mezcle todos los ingredientes en una olla de cocción lenta. Tape y cueza a temperatura BAJA de 8 a 10 horas, o ALTA de 4 a 5 horas. *Rinde de 6 a 8 porciones*

Ayuda

Este chili vegetariano es fácil de preparar. Simplemente, combine todos los ingredientes en una olla de cocción lenta y el chili estará listo para la cena ocho horas después. Complete el platillo con pan caliente y un postre sencillo.

Chili con Alubias y Maíz

Prepárelo Light

Chili de Pavo con Verduras y Pasta

Aceite en aerosol
340 g de pechuga de pavo molida
½ taza de cebolla picada
2 dientes de ajo picados
1 lata (unos 435 g) de frijoles (judías) negros, escurridos y enjuagados
1 lata (420 g) de tomates estofados a la mexicana, sin escurrir
1 lata (420 g) de tomates rojos picados sin sal, sin escurrir
1 taza de maíz congelado
1 cucharadita de sazonador mexicano
½ taza de coditos de pasta sin cocer
⅓ de taza de crema agria baja en grasa

1. Rocíe una olla con aceite en aerosol. Caliente a fuego medio. Agregue el pavo, la cebolla y el ajo; fría durante 5 minutos o hasta que el pavo pierda su color rosado; revuelva para separar la carne.

2. Agregue los frijoles, los tomates con su jugo, el maíz y el sazonador. Ponga a hervir a fuego alto. Tape y reduzca el fuego. Deje hervir por 15 minutos, revuelva de vez en cuando.

3. Mientras tanto, cueza la pasta de acuerdo con las instrucciones de la envoltura; omita la sal. Enjuague y escurra la pasta; ponga en la olla. Cueza, sin tapar, de 2 a 3 minutos o hasta que se caliente bien.

4. Corone cada porción con una bola de crema agria. Adorne al gusto.

Rinde 6 porciones

Nutrientes por Porción: Calorías: 236 (21% de Calorías de Grasa), Grasa Total: 6 g, Grasa Saturada: 1 g, Colesterol: 25 mg, Proteína: 17 g, Carbohidratos: 34 g, Sodio: 445 mg, Fibra: 6 g

Chili de Pavo con Verduras y Pasta

Pilaf de Pollo con Arroz Integral en 20 Minutos

1 cucharada de aceite vegetal
4 mitades de pechuga de pollo, deshuesadas y sin piel
290 ml de consomé de pollo condensado
½ taza de agua
1 taza de champiñones frescos rebanados
1 cebolla pequeña picada
1 taza de chícharos (guisantes) congelados
2 tazas de arroz integral instantáneo, sin cocer

CALIENTE el aceite en una sartén. Añada el pollo y dore. Retire el pollo.

AGREGUE el consomé y el agua al sartén; revuelva y deje hervir.

INTEGRE los champiñones, la cebolla, los chícharos y el arroz. Añada el pollo; tape y cueza a temperatura baja por 5 minutos o hasta que el pollo esté bien cocido. Deje reposar durante 5 minutos.   *Rinde 4 porciones*

Tome un Atajo: Omita el aceite. Sustituya las pechugas de pollo por 1 paquete (180 g) de fajitas de pollo preparadas. Ponga a hervir el consomé y el agua en una sartén grande. Agregue las fajitas, los champiñones, la cebolla, los chícharos y el arroz. Cueza a fuego bajo hasta que la mezcla se caliente bien; revuelva ocasionalmente.

Tiempo de Preparación/Cocción: 20 minutos

Nutrientes por Porción: Calorías: 500 (18% de Calorías de Grasa), Grasa Total: 10 g, Grasa Saturada: 2 g, Colesterol: 90 mg, Proteína: 45 g, Carbohidratos: 55 g, Sodio: 780 mg, Fibra: 5 g

Pilaf de Pollo con Arroz Integral en 20 Minutos

Pay de Chipotle

375 g de carne molida de pavo o de res, sin grasa
1 taza de cebolla picada
¾ de taza de pimientos morrones verdes picados
¾ de taza de pimientos morrones rojos picados
4 dientes de ajo picados
2 cucharaditas de comino molido
1 lata (435 g) de frijoles (judías) rojos, escurridos y enjuagados
1 lata (225 g) de tomates estofados sin sal, sin escurrir
2 chipotles enlatados en salsa de adobo, picados (más o menos 1 cucharada)
1 a 2 cucharaditas del adobo de los chipotles (opcional)
1 taza (120 g) de queso cheddar bajo en grasa rallado
½ taza de cilantro fresco picado
1 paquete (240 g) de harina para pan de maíz
⅓ de taza de leche descremada
1 clara de huevo

330

1. Caliente el horno a 200 °C.

2. Fría el pavo, la cebolla, el pimiento y el ajo en una sartén antiadherente grande a fuego medio-alto durante 8 minutos o hasta que el pavo pierda su color rosado; revuelva ocasionalmente. Escurra la grasa; espolvoree el comino sobre la mezcla.

3. Agregue los frijoles, los tomates con su jugo, los chiles y el adobo. Ponga a hervir a fuego alto. Reduzca el fuego a medio y deje hervir por 5 minutos. Retire del fuego y añada el queso y el cilantro.

4. Rocíe un molde cuadrado de 20 cm con aceite en aerosol. Distribuya de manera uniforme la mezcla de pavo en el molde; presione para compactar la mezcla.

5. Combine la harina para pan, la leche y la clara de huevo en un recipiente mediano; revuelva hasta que los ingredientes secos se hayan humedecido. Distribuya la masa, de manera uniforme, sobre la mezcla de pavo para cubrirla por completo.

6. Hornee de 20 a 22 minutos o hasta que el pan se haya dorado. Deje reposar por 5 minutos antes de servir.

Rinde 6 porciones

Nutrientes por Porción: Calorías: 396 (23% de Calorías de Grasa), Grasa Total: 10 g, Grasa Saturada: 3 g, Colesterol: 32 g, Proteína: 26 g, Carbohidratos: 52 g, Sodio: 733 mg, Fibra: 2 g

Pay de Chipotle

Guisado de Pollo

1 cucharadita de aceite de oliva
1 cebolla pequeña picada
1 taza de zanahorias, en rebanadas delgadas
1 taza de consomé de pollo, con poca sal y sin grasa
1 lata (420 g) de tomates rojos picados sin sal, sin escurrir
1 taza de pechuga de pollo cocida picada
3 tazas de espinaca o col rebanadas

1. Caliente el aceite en una olla grande a fuego medio-alto. Agregue la cebolla; fría por unos 5 minutos o hasta que se dore. Añada las zanahorias y luego el consomé; ponga a hervir.

2. Reduzca el fuego y deje hervir, sin tapar, por 5 minutos. Incorpore los tomates; hierva durante 5 minutos o hasta que se cuezan las zanahorias. Agregue el pollo y caliente bien. Añada las espinacas; revuelva hasta que se marchiten. Deje hervir por 1 minuto. Sirva en tazones.

Rinde 2 porciones

332

Nutrientes por Porción: Calorías: 274 (21% de Calorías de Grasa), Grasa Total: 6 g, Grasa Saturada: 1 g, Colesterol: 0 mg, Proteína: 30 g, Carbohidratos: 25 g, Sodio: 209 mg, Fibra: 7 g

Tetrazzini de Pavo

2 cucharadas de fécula de maíz
1¼ tazas de leche descremada
¾ de taza de consomé de pavo o pollo
½ cucharadita de sal
½ cucharadita de ajo en polvo
⅛ de cucharadita de pimienta
2 tazas de pavo cocido, en cubos de 1.5 cm
120 g de espagueti, cocido según las instrucciones de la envoltura, escurrido
1 lata (120 g) de champiñones, escurridos
1 frasco (60 g) de pimiento picado, escurrido
¼ de taza de queso parmesano rallado
2 cucharadas de vino blanco seco
2 cucharadas de almendras rebanadas

1. Caliente el horno a 190 °C.

2. En una olla de 3 litros de capacidad, a fuego medio, combine la fécula de maíz, la leche, el consomé, la sal, el ajo en polvo y la pimienta. Ponga a hervir; revuelva sin cesar. Retire del fuego; agregue el pavo, el espagueti, los champiñones, el pimiento, el queso y el vino.

3. Vacíe la mezcla de pavo en un molde cuadrado de 23 cm engrasado. Agregue las almendras. Hornee durante 25 minutos o hasta que la mezcla burbujee y la parte superior se haya dorado.   *Rinde 4 porciones*

Nutrientes por Porción: Calorías: 320 (19% de Calorías de Grasa), Grasa Total: 7 g, Grasa Saturada: 2 g, Colesterol: 59 mg, Proteína: 30 g, Carbohidratos: 32 g, Sodio: 541 mg, Fibra: 2 g

Pollo Bayou Criollo

2 tazas de agua
1 lata (285 g) de tomates picados con chile, sin escurrir
1 caja de arroz con frijoles (judías) rojos
3 pechugas de pollo, deshuesadas y sin piel, congeladas

333

COCINAR: LIMPIAR: Lávese las manos. En una sartén grande, combine el agua, los tomates, los frijoles, el arroz y el sobre de sazonadores. Agregue el pollo; ponga a hervir. Tape; reduzca el fuego y deje hervir de 30 a 35 minutos o hasta que los jugos internos del pollo salgan claros. (O inserte un termómetro en la parte más gruesa del pollo; la temperatura debe ser de 76 °C.)

SERVIR: Sirva con rebanadas de aguacate y pan de trigo entero, si lo desea.

REFRIGERAR: Refrigere inmediatamente el sobrante.   *Rinde 3 porciones*

Tiempo de Preparación: nada
Tiempo de Cocción: 35 minutos

Nutrientes por Porción: Calorías: 406 (13% de Calorías de Grasa), Grasa Total: 6 g, Grasa Saturada: 2 g, Colesterol: 70 mg, Proteína: 35 g, Carbohidratos: 56 g, Sodio: 1321 mg, Fibra: 2 g

Sopa de Pollo en Sartén

340 g de pechugas o muslos de pollo, deshuesados y sin piel, en trozos de 2 cm
1 cucharadita de pimentón
½ cucharadita de sal
¼ de cucharadita de pimienta negra
2 cucharaditas de aceite vegetal
1 cebolla grande picada
1 pimiento morrón rojo, en trozos de 1.5 cm
3 dientes de ajo picados
1 lata (540 g) de alubias pequeñas, escurridas y enjuagadas
1 taza de consomé de pollo, con poca sal y sin grasa
3 tazas de col napa, rebanada
½ taza de croutones con hierbas, ligeramente machacados

1. Sazone el pollo con pimentón, sal y pimienta negra en un recipiente mediano.

2. Caliente el aceite en una sartén antiadherente grande a fuego medio-alto. Agregue el pollo, la cebolla, el pimiento y el ajo. Fría hasta que el pollo pierda su color rosado; revuelva a menudo.

3. Añada las alubias y el consomé; ponga a hervir. Tape y deje hervir por 5 minutos o hasta que se cueza el pollo. Incorpore la col; tape y hierva durante 3 minutos más o hasta que la col se marchite. Sirva en tazones y corone con croutones. *Rinde 4 porciones*

Nutrientes por Porción: Calorías: 284 (16% de Calorías de Grasa), Grasa Total: 5 g, Grasa Saturada: 1 g, Colesterol: 52 mg, Proteína: 28 g, Carbohidratos: 30 g, Sodio: 721 mg, Fibra: 8 g

334

Sopa de Pollo en Sartén

Frittata de Tocino de Pavo Baja en Grasa

1 paquete (360 g) de tocino (beicon) de pavo, frito y picado
180 g de pasta pelo de ángel, trozada y sin cocer
2 cucharaditas de aceite de oliva
1 pimiento morrón rojo, en tiras delgadas
1 cebolla pequeña rebanada
4 recipientes (de 120 g cada uno) de sustituto de huevo
1 paquete (150 g) de queso ricotta sin grasa
1 taza (120 g) de queso mozzarella bajo en grasa, rallado
1 taza (120 g) de queso suizo bajo en grasa, rallado
½ cucharadita de sal
½ cucharadita de pimienta negra
1 paquete (285 g) de espinaca descongelada y exprimida

Cueza y escurra la pasta. Caliente el aceite a fuego medio. Fría el pimiento y la cebolla hasta que se suavicen. Combine el sustituto de huevo, los quesos, la sal, el pimiento y la pasta cocida en un recipiente grande. Agregue las verduras, la espinaca y el tocino de pavo. Rocíe un molde para quiché de 25 cm con aceite en aerosol; vierta la mezcla en el molde. Hornee a 180 °C por 30 minutos. Rebane y sirva con salsa, si lo desea.   *Rinde 8 porciones*

Tiempo de Preparación: 15 minutos más el de horneado

Nutrientes por Porción: Calorías: 280 (29% de Calorías de Grasa), Grasa Total: 9 g, Grasa Saturada: 2 g, Colesterol: 63 mg, Proteína: 12 g, Carbohidratos: 29 g, Sodio: 780 mg, Fibra: 3 g

Frittata de Tocino de Pavo Baja en Grasa

Fajitas Festivas

675 g de pechugas de pollo, deshuesadas y sin piel, en tiras de 1.5 cm
1 cebolla mediana, en rebanadas delgadas
2 dientes de ajo picados
1 cucharada de aceite vegetal
½ cucharadita de comino molido
1 lata (420 g) de tomates picados con chile jalapeño
1 lata (210 g) de chiles verdes en tiras, escurridos
8 tortillas de harina, calientes

1. Dore el pollo con la cebolla y el ajo en una sartén grande a fuego medio-alto.

2. Agregue el comino, los tomates y los chiles; caliente.

3. Rellene las tortillas calientes con la mezcla de pollo. Adorne con crema agria, aguacate o guacamole, cilantro y rebanadas de limón, si lo desea. Sirva de inmediato.

Rinde de 6 a 8 porciones

338

Tiempo de Preparación: 10 minutos
Tiempo de Cocción: 10 minutos

Nutrientes por Porción: Calorías: 334 (24% de Calorías de Grasa), Grasa Total: 9 g, Grasa Saturada: 2 g, Colesterol: 69 mg, Proteína: 30 g, Carbohidratos: 32 g, Sodio: 233 mg, Fibra: 4 g

Guisado de Pavo y Frijoles Negros

3 latas (de 435 g cada una) de frijoles (judías) negros, escurridos y enjuagados
1½ tazas de cebolla picada
1½ tazas de consomé de pollo, con poca sal y sin grasa
1 taza de apio picado
1 taza de pimiento morrón rojo picado
4 dientes de ajo picados
1½ cucharaditas de orégano seco
¾ de cucharadita de cilantro molido
½ cucharadita de comino molido
¼ de cucharadita de pimienta roja molida
180 g de salchicha de pavo, en rebanadas delgadas

INSTRUCCIONES PARA COCCIÓN LENTA

1. Combine todos los ingredientes, excepto la salchicha, en la olla de cocción lenta. Tape y cueza a temperatura BAJA de 6 a 8 horas.

2. Transfiera más o menos 1½ tazas de la mezcla de frijoles de la olla a la licuadora o al procesador de alimentos. Licue hasta obtener puré. Regrese a la olla. Agregue la salchicha. Tape y cueza a temperatura BAJA de 10 a 15 minutos más.   *Rinde 6 porciones*

Nutrientes por porción: Calorías: 264 (15% de Calorías de Grasa), Grasa Total: 5 g, Grasa Saturada: 1 g, Colesterol: 18 mg, Proteína: 16 g, Carbohidratos: 42 g, Sodio: 1370 mg, Fibra: 14 g

Sartén de Pollo y Arroz con Ajo y Hierbas

   4 pechugas de pollo, deshuesadas y sin sal (unos 450 g)
1¾ tazas de agua
   1 paquete de arroz con sabor a pollo
   2 tazas de brócoli, zanahorias y coliflor congelados
¼ de taza de queso para untar suave, con sabor a ajo con hierbas

1. En una sartén grande, combine el pollo, el agua y el sazonador del arroz. Deje hervir. Reduzca el fuego; tape y hierva por 10 minutos.

2. Agregue el arroz, las verduras y el queso. Cueza, tapado, de 10 a 15 minutos o hasta que el pollo pierda su color rosado en el centro. Retire del fuego; deje reposar por 5 minutos o hasta que se absorba el líquido.   *Rinde 4 porciones*

Nutrientes por Porción: Calorías: 331 (14% de Calorías de Grasa), Grasa Total: 5 g, Grasa Saturada: 2 g, Colesterol: 74 mg, Proteína: 31 g, Carbohidratos: 39 g, Sodio: 955 mg, Fibra: 3 g

Gumbo de Pollo

2 cucharadas de harina de trigo
2 cucharaditas de sazonador criollo
360 g de muslos de pollo, deshuesados y sin piel, en trozos de 2 cm
2 cucharaditas de aceite de oliva
1 cebolla grande poco picada
½ taza de apio rebanado
2 cucharaditas de ajo picado
400 ml de consomé de pollo con poca sal
1 lata (420 g) de tomates estofados sin sal, sin escurrir
1 pimiento morrón verde grande, en trozos
1 cucharadita de sasafrás (opcional)
2 tazas de arroz cocido caliente
2 cucharadas de perejil fresco picado

1. Combine la harina y el sazonador criollo en una bolsa de plástico. Agregue el pollo; revuelva para cubrir. Caliente el aceite en una sartén antiadherente grande a fuego medio; añada el pollo. Espolvoree con la mezcla de harina restante. Fría durante 3 minutos. Incorpore la cebolla, el apio y el ajo; fría por 3 minutos.

2. Agregue el consomé, los tomates con su jugo y el pimiento. Ponga a hervir. Reduzca el fuego; tape y deje hervir durante 20 minutos o hasta que las verduras estén listas. Destape y deje hervir de 5 a 7 minutos o hasta que la salsa se haya reducido un poco. Retire del fuego; añada el sasafrás, si lo desea. Sirva en tazones pequeños; corone con arroz y perejil.

Rinde 4 porciones (de 1½ tazas)

Nota: El sasafrás, hecho con hojas de azafrán secas, espesa y le da sabor a los gumbos. Búsquelo en la sección de hierbas y especias de su supermercado.

Tiempo de Preparación: 15 minutos
Tiempo de Cocción: 40 minutos

Nutrientes por Porción: Calorías: 306 (27% de Calorías de Grasa), Grasa Total: 9 g, Grasa Saturada: 2 g, Colesterol: 46 mg, Proteína: 18 g, Carbohidratos: 38 g, Sodio: 302 mg, Fibra: 3 g

Gumbo de Pollo

Chuletas de Cerdo con Relleno de Jalapeño, Nuez y Pan de Maíz

6 chuletas de cerdo, sin hueso, de 2.5 cm de grosor (675 g)
  Aceite en aerosol
¾ de taza de cebolla picada
¾ de taza de apio picado
½ taza de nueces picadas
½ chile jalapeño mediano,* sin semillas y picado
1 cucharadita de salvia frotada
½ cucharadita de romero seco
⅛ de cucharadita de pimienta negra
4 tazas de relleno de pan de maíz sin sazonar
1¼ tazas de consomé de pollo, con poca sal
1 huevo, ligeramente batido

*Los chiles jalapeños pueden irritar la piel; utilice guantes de hule cuando los maneje y no se talle los ojos. Lávese las manos después de trabajar con ellos.

INSTRUCCIONES PARA COCCIÓN LENTA

Corte y deseche el exceso de grasa de la carne. Rocíe una sartén grande con aceite en aerosol; caliente a fuego medio. Agregue la carne; fríala por 10 minutos o hasta que se dore por todos lados. Retire de la sartén. Añada la cebolla, el apio, la nuez, el jalapeño, la salvia, el romero y la pimienta. Fría durante 5 minutos o hasta que la cebolla y el apio estén suaves.

Combine el relleno, la mezcla de verduras y el consomé en un recipiente mediano. Incorpore el huevo y revuelva. Vierta la mezcla de relleno en la olla de cocción lenta. Acomode encima la carne. Tape y cueza a temperatura BAJA durante unas 5 horas o hasta que la carne tenga una consistencia suave y tenga un color rosado muy ligero en el centro. Sirva con ensalada de verduras, si lo desea.
Rinde 6 porciones

Nota: Si prefiere un aderezo más húmedo, aumente a 1½ tazas de consomé de pollo.

Nutrientes por Porción: Calorías: 379 (37% de Calorías de Grasa), Grasa Total: 16 g, Grasa Saturada: 4 g, Colesterol: 87 mg, Proteína: 26 g, Carbohidratos: 33 g, Sodio: 586 mg, Fibra: 7 g

Chuletas de Cerdo con Relleno de Jalapeño, Nuez y Pan de Maíz

Stroganoff de Res y Chirivía

1 cubo de caldo de res instantáneo
¾ de taza de agua hirviente
340 g de bistec de res, sin grasa y sin hueso, de 2.5 cm de grosor
Aceite de oliva en aerosol
2 tazas de chirivías o papas (patatas), peladas y picadas*
1 cebolla mediana, en mitades y en rebanadas delgadas
340 g de champiñones rebanados
2 cucharaditas de ajo picado
¼ de cucharadita de pimienta negra
¼ de taza de agua
1 cucharada más 1½ cucharaditas de harina de trigo
3 cucharadas de crema agria baja en grasa
1½ cucharaditas de mostaza Dijon
¼ de cucharadita de fécula de maíz
1 cucharada de perejil fresco picado
120 g de tallarines anchos sin colesterol, cocidos sin sal, escurridos y calientes

*En caso de utilizar papas, córtelas en trozos de 2.5 cm y no las saltee.

INSTRUCCIONES PARA COCCIÓN LENTA

1. Disuelva el cubo de caldo en ¾ de taza de agua hirviente; deje enfriar. Mientras tanto, corte la carne en tiras de 5×1.5 cm. Rocíe una sartén antiadherente grande con aceite en aerosol; caliente a fuego alto. Fría la carne durante 4 minutos o hasta que empiece a dorarse. Transfiera la carne y sus jugos a la olla de cocción lenta.

2. Rocíe la misma sartén con aceite en aerosol; caliente a fuego alto. Agregue la chirivía y la cebolla; fría hasta que se doren, por unos 4 minutos. Añada los champiñones, el ajo y la pimienta; fría hasta que los champiñones estén suaves, durante unos 5 minutos. Transfiera la mezcla de champiñones a la olla.

3. Vierta ¼ de taza de agua en la harina y bata hasta que se incorporen. Agregue la mezcla de harina al caldo frío. Vacíe en la olla de cocción lenta y revuelva bien. Tape y cueza a temperatura BAJA de 4½ a 5 horas o hasta que la carne y la chirivía estén suaves.

4. Apague la olla. Retire la carne y las verduras con una cuchara ranurada; colóquelas en un recipiente grande. Reserve el líquido de cocción. Bata la crema, la mostaza y la fécula de maíz en un recipiente mediano. De manera gradual, agregue y revuelva el líquido que reservó a la mezcla de crema. Vierta la mezcla de crema a la de carne. Espolvoree con perejil. Sirva sobre los tallarines.

Rinde 4 porciones

Nutrientes por Porción: Calorías: 347 (15% de Calorías de Grasa), Grasa Total: 6 g, Grasa Saturada: 2 g, Colesterol: 46 mg, Proteína: 28 g, Carbohidratos: 46 g, Sodio: 242 mg, Fibra: 5 g

Guisado de Res al Vino Tinto

675 g de carne de res, sin hueso, en cubos de 2.5 cm
1½ tazas de vino tinto seco
2 cucharaditas de aceite de oliva
Cáscara de media naranja
2 dientes grandes de ajo, en rebanadas delgadas
1 hoja de laurel
½ cucharadita de tomillo seco
⅛ de cucharadita de pimienta negra
225 g de champiñones frescos, en cuartos
8 tomates deshidratados, en cuartos
400 ml de caldo de res, con poca sal
6 papas (patatas) pequeñas sin pelar, en gajos
1 taza de zanahorias baby
1 taza de cebollas de cambray, sin piel
1 cucharada de fécula de maíz mezclada con 2 cucharadas de agua

1. Combine la carne, el vino, el aceite, la cáscara de naranja, el ajo, la hoja de laurel, el tomillo y la pimienta en un refractario grande. Tape y refrigere durante 2 horas por lo menos, o por toda la noche.

2. Coloque la mezcla de carne, los champiñones y los tomates en una sartén antiadherente grande o en una olla. Vierta suficiente caldo para cubrir los ingredientes. Ponga a hervir a fuego alto. Tape y reduzca el fuego a bajo. Deje hervir por 1 hora. Agregue las papas, las zanahorias y las cebollas. Tape y hierva de 20 a 25 minutos o hasta que las verduras estén cocidas y la carne pierda su color rosado. Retire la carne y las verduras de la sartén con una cuchara ranurada; tape. Deseche la hoja de laurel y la cáscara de naranja.

3. Vierta la mezcla de fécula de maíz en la salsa de la sartén. Aumente el fuego a medio; cueza hasta que la salsa se espese un poco. Regrese la carne y las verduras a la salsa; caliente bien.

Rinde 6 porciones

345

Nutrientes por Porción: Calorías: 313 (16% de Calorías de Grasa), Grasa Total: 6 g, Grasa Saturada: 1 g, Colesterol: 55 mg, Proteína: 26 g, Carbohidratos: 31 g, Sodio: 304 mg, Fibra: 3 g

Burritos de Res y Frijoles

Aceite en aerosol
250 g de carne de res, en trozos de 1.5 cm
3 dientes de ajo picados
1 lata (unos 435 g) de frijoles (judías) pintos, enjuagados y escurridos
1 lata (120 g) de chiles verdes picados, escurridos
¼ de taza de cilantro fresco finamente picado
6 tortillas de harina (de 15 cm) calientes
½ taza (60 g) de queso cheddar bajo en grasa, rallado

1. Rocíe una sartén antiadherente con aceite en aerosol; caliente a fuego medio. Agregue la carne y el ajo; fría por 5 minutos o hasta que la carne se haya cocido al término deseado.

2. Añada los frijoles, los chiles y el cilantro. Caliente durante 5 minutos.

3. Sirva la mezcla de carne de manera uniforme en el centro de cada tortilla. Espolvoree el queso en cada tortilla. Doble la tortilla sobre el relleno; enrolle. Adorne con salsa y crema agria baja en grasa, si lo desea.   *Rinde 6 porciones*

346

Nutrientes por Porción: Calorías: 278 (22% de Calorías de Grasa), Grasa Total: 7 g, Grasa Saturada: 2 g, Colesterol: 31 mg, Proteína: 19 g, Carbohidratos: 36 g, Sodio: 956 mg, Fibra: 1 g.

Ayuda

Para calentar las tortillas, apílelas, envuélvalas con plástico y hornéelas en el microondas a temperatura ALTA por unos 30 segundos.

Burritos de Res y Frijoles

Guisado de Cerdo a la Albahaca con Ejotes

1 paquete (250 g) de ejotes (judías verdes) congelados
3½ tazas de papas (patatas) rojas, en cubos de 1.5 cm
450 g de filete de cerdo, sin grasa, en cubos de 1.5 cm
1 taza de salsa para espagueti sin carne y sin azúcar
½ cucharadita de sal
1 cucharada de albahaca fresca picada o 1 cucharadita de albahaca seca
¼ de taza de queso parmesano rallado

INSTRUCCIONES PARA MICROONDAS

1. Coloque los ejotes en un recipiente para microondas de 25 a 30 cm. Tape y caliente a potencia ALTA durante 2 minutos. Escurra en un colador.

2. En el mismo recipiente, tapado, caliente las papas a potencia ALTA durante 13 minutos. Añada la carne, los ejotes, la salsa y la sal. Caliente a potencia ALTA por 10 minutos; revuelva a la mitad del tiempo. Agregue la albahaca. Caliente en el microondas de 5 a 7 minutos o hasta que las papas se hayan cocido y la carne pierda su color rosado en el centro. Sirva con queso.

Rinde 6 porciones

Nutrientes por Porción: Calorías: 274 (13% de Calorías de Grasa), Grasa Total: 4 g, Grasa Saturada: 2 g, Colesterol: 46 mg, Proteína: 21 g, Carbohidratos: 39 g, Sodio: 504 mg, Fibra: 6 g

El filete de cerdo es la mejor opción para este platillo debido a que tiene menos grasa que otros cortes de cerdo, como las chuletas y las costillas.

Guisado de Cerdo a la Albahaca con Ejotes

Sartén de Cordero

1 cucharada de aceite vegetal o de oliva
1 diente de ajo picado
450 g de carne de cordero sin hueso (pierna o espaldilla), en tiras de 0.3 cm
540 ml de caldo de res, con poca sal
900 ml de salsa de tomate
1 paquete de sazonador para taco (unos 45 g)
2 tazas de pimiento morrón rojo o verde, en tiras
1½ tazas de granos de maíz, fresco o congelado
2 tazas de arroz instantáneo, blanco o integral
Queso rallado (opcional)
Aceitunas rebanadas (opcional)
Totopos molidos (opcional)

Caliente el aceite a fuego medio-alto en una sartén grande. Agregue el ajo y las tiras de carne. Fría hasta que la carne pierda su color rosado. Añada el caldo, la salsa de tomate y el sazonador. Ponga a hervir; reduzca el fuego. Tape y deje hervir por 5 minutos. Incorpore los pimientos y el maíz. Ponga a hervir; agregue el arroz. Retire del fuego. Tape y deje reposar durante 5 minutos o hasta que se absorba la humedad. Esponje el arroz con un tenedor. Sirva con queso rallado, rebanadas de aceituna y totopos molidos, si lo desea.

Rinde 6 porciones

Nutrientes por Porción: Calorías: 331 (27% de Calorías de Grasa), Grasa Total: 10 g, Grasa Saturada: 3 g, Colesterol: 69 mg, Proteína: 26 g, Carbohidratos: 34 g, Sodio: 539 mg, Fibra: 2 g

Guisado de Calabacita con Polenta

2¼ tazas de agua
1 taza de harina de maíz amarillo
2 huevos
2 claras de huevo
¾ de taza (90 g) de queso cheddar bajo en grasa
1 chile jalapeño* picado
1 cucharadita de margarina
½ cucharadita de sal
1 cucharada de aceite de oliva
1 taza de cebolla picada
2 tazas de berenjena pelada poco picada
3 dientes de ajo picados
3 tazas de calabacita picada
1 taza de tomate rojo picado
½ taza de pimiento morrón amarillo picado
2 cucharadas de perejil fresco picado
1 cucharada de orégano fresco picado
¼ de cucharadita de romero fresco picado
¼ de cucharadita de pimienta molida

*Los chiles jalapeños pueden irritar la piel; utilice guantes de hule cuando los maneje y no se talle los ojos. Lávese las manos después de trabajar con ellos.

1. Ponga a hervir 2 tazas de agua. Lentamente agregue la harina; revuelva constantemente. Deje hervir; revuelva sin cesar hasta que la mezcla se espese. Bata los huevos y las claras ligeramente con el agua restante. Agregue a la masa; cueza hasta que burbujee. Retire del fuego y agregue el queso, el jalapeño, la margarina y ¼ de cucharadita de sal. Vierta en un molde cuadrado de 23 cm. Cubra y refrigere por varias horas hasta que esté firme.

2. Caliente el aceite en una olla mediana a fuego medio. Fría la cebolla, la berenjena y el ajo durante 5 minutos o hasta que la cebolla esté translúcida. Añada la calabacita, el tomate, el pimiento, el perejil, el orégano, el romero, la sal restante y la pimienta. Cueza por 1 hora sin tapar.

3. Rocíe una sartén antiadherente grande con aceite en aerosol. Caliente a fuego medio. Corte la polenta en 6 rectángulos. Caliente a fuego medio durante 8 minutos de cada lado o hasta que se dore un poco. Sirva el guisado de calabacita sobre la polenta.   *Rinde 6 porciones*

Nutrientes por Porción: Calorías: 219 (30% de Calorías de Grasa), Grasa Total: 7 g, Grasa Saturada: 2 g, Colesterol: 79 mg, Proteína: 10 g, Carbohidratos: 29 g, Sodio: 437 mg, Fibra: 3 g

Ravioles con Salsa de Tomate Casera

3 dientes de ajo pelados
½ taza de albahaca fresca
3 tazas de tomates rojos pelados, sin semillas y en cuartos
2 cucharadas de pasta de tomate
2 cucharadas de aderezo italiano para ensalada
1 cucharada de vinagre balsámico
¼ de cucharadita de pimienta negra
1 paquete (250 g) de ravioles de queso bajos en grasa
2 tazas de espinaca rallada
1 taza (120 g) de queso mozzarella rallado bajo en grasa

INSTRUCCIONES PARA MICROONDAS

1. Para preparar la salsa de tomate, pique un poco el ajo en el procesador de alimentos. Agregue la albahaca y pique. Añada los tomates, la pasta de tomate, el aderezo, el vinagre y la pimienta; procese pulsando el botón de encendido/apagado hasta que los tomates estén picados.

2. Rocíe un molde cuadrado con aceite en aerosol. Distribuya 1 taza de salsa de tomate en el molde. Coloque capas de ravioles y de espinaca sobre la salsa de tomate. Repita las capas con 1 taza de salsa de tomate y los ravioles y la espinaca restantes. Corone con la salsa de tomate restante.

3. Cubra con envoltura plástica y refrigere de 1 a 8 horas. Haga ventilaciones. Hornee a potencia MEDIA (50%) por 20 minutos o hasta que la pasta esté suave y caliente. Espolvoree con queso. Hornee a potencia ALTA durante 3 minutos o hasta que el queso se derrita. Cubra y deje reposar por 5 minutos antes de servir. *Rinde 6 porciones*

Nutrientes por Porción: Calorías: 206 (26% de Calorías de Grasa), Grasa Total: 6 g, Grasa Saturada: 3 g, Colesterol: 40 mg, Proteína: 13 g, Carbohidratos: 26 g, Sodio: 401 mg, Fibra: 3 g

Ravioles con Salsa de Tomate Casera

Guisado de Atún con Pasta

180 g de pasta sin cocer
1 cucharada de margarina
225 g de champiñones frescos rebanados
1 cebolla mediana picada
1 taza de consomé de pollo, con poca sal y sin grasa
1 taza de leche sin grasa
¼ de taza de harina de trigo
1 lata (365 g) de atún en agua, escurrido
1 taza de chícharos (guisantes), descongelados
1 frasco (60 g) de pimiento picado, escurrido
½ cucharadita de tomillo seco
¼ de cucharadita de sal
⅛ de cucharadita de pimienta negra

1. Cueza la pasta de acuerdo con las instrucciones de la envoltura; omita la sal. Escurra y tape.

2. Mientras tanto, derrita la margarina en una sartén antiadherente grande a fuego medio-alto. Agregue los champiñones y la cebolla; fría por 5 minutos o hasta que la cebolla esté suave.

3. Con un batidor manual, bata el consomé, la leche y la harina en un recipiente pequeño. Añada a la mezcla de champiñones y ponga a hervir. Cueza por unos 2 minutos o hasta que se espese. Reduzca el fuego a medio; incorpore el atún, los chícharos, el pimiento, el tomillo y la sal. Agregue la pasta y revuelva bien.

4. Caliente el horno a 180 °C. Rocíe un refractario de 2 litros de capacidad con aceite en aerosol. Distribuya la mezcla de pasta en el refractario. Hornee durante 30 minutos o hasta que burbujee y se haya calentado bien. Deje reposar por 5 minutos antes de servir.

Nutrientes por Porción: Calorías: 254 (11% de Calorías de Grasa), Grasa Total: 3 g, Grasa Saturada: 1 g, Colesterol: 18 mg, Proteína: 23 g, Carbohidratos: 33 g, Sodio: 585 mg, Fibra: 2 g

Guisado de Atún con Pasta

Pasta Horneada

1 caja (360 g) de carne de soya desmenuzada
225 g de pluma de pasta, cocida y escurrida
1 frasco (de 840 a 900 ml) de salsa para espagueti
¾ de taza de queso parmesano bajo en grasa, rallado
1 paquete (225 g) de queso mozzarella bajo en grasa, rallado

CALIENTE el horno a 190 °C. Rocíe un molde de 33×23 cm con aceite en aerosol.

MEZCLE la carne, la pasta, la salsa para espagueti y ½ taza de queso parmesano.

VACÍE en el molde que preparó. Agregue el queso mozzarella y espolvoree el queso parmesano restante.

HORNEE de 25 a 30 minutos.

Rinde 8 porciones

Tiempo de Preparación: 15 minutos
Tiempo de Horneado: 30 minutos

Nutrientes por Porción: Calorías: 430 (27% de Calorías de Grasa), Grasa Total: 13 g, Grasa Saturada: 5 g, Colesterol: 25 mg, Proteína: 26 g, Carbohidratos: 52 g, Sodio: 1310 mg, Fibra: 7 g

Ayuda

Agregue 1 caja (285 g) de espinaca picada, descongelada y bien escurrida, a la mezcla de carne molida antes de vaciar en el molde.

Sopa de Brócoli y Papa

400 ml de consomé de pollo, con poca sal y sin grasa
1 taza de poros (puerros) rebanados
1 papa (patata) mediana pelada, en cubos
⅓ de taza de maíz fresco o congelado
1 lata (unos 120 g) de chiles verdes
¾ de cucharadita de pimentón
1½ tazas de floretes de brócoli
¾ de taza de leche evaporada
2 cucharadas de harina de trigo
Salsa de chile jalapeño (opcional)

1. En una olla mediana, combine el consomé, el poro, la papa, el maíz, los chiles y el pimentón. Ponga a hervir. Reduzca el fuego; tape y deje hervir de 10 a 15 minutos o hasta que las verduras estén suaves. Agregue el brócoli y deje hervir por 3 minutos.

2. Bata la leche con la harina. Añada a la mezcla de verduras. Cueza y revuelva sin cesar, hasta que la sopa empiece a hervir y se espese un poco. Sazone al gusto con salsa picante, si lo desea.

Rinde 2 porciones

357

Nutrientes por Porción: Calorías: 280 (3% de Calorías de Grasa), Grasa Total: 1 g, Grasa Saturada: <1 g, Colesterol: 3 mg, Proteína: 19 g, Carbohidratos: 51 g, Sodio: 311 mg, Fibra: 5 g

Ayuda

La leche evaporada, que contiene 60% de agua, cuando se usa sin diluir, ayuda a enriquecer las sopas y las salsas sin añadir grasa. Si a usted no le gusta su sabor, sustitúyala por leche descremada.

Enchiladas de Espinaca y Champiñones

2 paquetes (285 g) de espinaca picada, descongelada
1½ tazas de champiñones rebanados
1 lata (435 g) de frijoles (judías) pintos, escurridos y enjuagados
3 cucharaditas de chile en polvo
¼ de cucharadita de hojuelas de chile rojo
1 lata (225 g) de salsa de tomate con poca sal
2 cucharadas de agua
½ cucharadita de salsa picante
8 tortillas de maíz (de 20 cm)
1 taza (120 g) de queso para derretir, rallado
Lechuga rallada (opcional)
Tomates picados (opcional)
Crema agria baja en grasa (opcional)

1. Combine las espinacas, los champiñones, los frijoles, 2 cucharaditas de chile en polvo y las hojuelas de chile en una sartén grande a fuego alto. Fría por 5 minutos; retire del fuego.

2. Revuelva la salsa de tomate, el agua, el chile en polvo restante y la salsa picante en una sartén mediana. Remoje las tortillas en la salsa de tomate; colóquelas en papel encerado.

3. Divida el relleno de espinaca en 8 porciones. Sirva en el centro de cada tortilla; enrolle y acomode en un recipiente para microondas de 28×20 cm. (Asegure las enchiladas con palillos de madera, si lo desea.) Vierta el resto de la salsa de tomate sobre las enchiladas.

4. Cubra con plástico y haga ventilaciones. Hornee en el microondas, sin tapar, a potencia MEDIA (50%), durante 10 minutos o hasta que se calienten bien. Espolvoree con queso. Caliente a potencia MEDIA por 3 minutos o hasta que el queso se derrita. Sirva con lechuga, tomates y crema agria, si lo desea. *Rinde 4 porciones*

Nutrientes por Porción: Calorías: 371 (26% de Calorías de Grasa), Grasa Total: 11 g, Grasa Saturada: 6 g, Colesterol: 25 mg, Proteína: 20 g, Carbohidratos: 52 g, Sodio: 666 mg, Fibra: 12 g

Enchiladas de Espinaca y Champiñones

Sopa de Maíz Doble con Cheddar

1 cucharada de margarina
1 taza de cebolla picada
2 cucharadas de harina de trigo
2½ tazas de consomé de pollo con poca sal y sin grasa
1 lata (450 g) de crema de maíz
1 taza de granos de maíz congelados
½ taza de pimiento morrón rojo finamente picado
½ cucharadita de salsa picante
¾ de taza (90 g) de queso cheddar rallado
Pimienta negra (opcional)

1. Derrita la margarina en una olla grande a fuego medio. Agregue la cebolla y fría durante 5 minutos. Espolvoree la cebolla con la harina; fría por 1 minuto.

2. Vierta el consomé y ponga a hervir; revuelva a menudo. Añada la crema de maíz, los granos de maíz, el pimiento y la salsa picante; deje hervir. Tape y hierva durante 15 minutos.

3. Retire del fuego; poco a poco incorpore y revuelva el queso hasta que se derrita. Sirva en tazones y espolvoree con pimienta negra, si lo desea. *Rinde 6 porciones*

Nutrientes por Porción: Calorías: 180 (28% de Calorías de Grasa), Grasa Total: 6 g, Grasa Saturada: 2 g, Colesterol: 10 mg, Proteína: 7 g, Carbohidratos: 28 g, Sodio: 498 mg, Fibra: 2 g

Ayuda

Debido a que el queso es alto en grasa, es importante limitar la cantidad utilizada en recetas bajas en grasa. El queso cheddar fuerte tiene más sabor por gramo que el suave, de modo que puede utilizar menos. Puede sustituir el queso cheddar por queso bajo en grasa y reducir más la cantidad de grasa por porción.

Sopa de Maíz Doble con Cheddar

Lasaña de Espinaca

1 recipiente (450 g) de queso cottage
1 paquete (285 g) de espinaca picada, descongelada y bien escurrida
2 tazas de queso mozzarella, bajo en humedad y rallado
½ taza de queso parmesano bajo en grasa, rallado
1 huevo, batido
1 frasco (840 ml) de salsa para espagueti
6 tiras de lasaña, cocidas y escurridas

CALIENTE el horno a 180 °C.

MEZCLE el queso cottage, las espinacas, 1 taza de queso mozzarella, ¼ de taza de queso parmesano y el huevo.

COLOQUE, en capas, 1 taza de salsa para espagueti, la mitad de las tiras de lasaña y la mitad de la mezcla de queso cottage en un molde de 33×23 cm. Repita las capas, terminando con la salsa. Espolvoree el queso mozzarella restante y ¼ de taza de queso rallado.

HORNEE durante 45 minutos. Deje reposar por 10 minutos antes de servir.

Rinde 10 porciones

Tiempo de Preparación: 25 minutos
Tiempo de Horneado: 45 minutos más el de reposo

Nutrientes por Porción: Calorías: 280 (35% de Calorías de Grasa), Grasa Total: 11 g, Grasa Saturada: 4.5 g, Colesterol: 45 mg, Proteína: 16 g, Carbohidratos: 30 g, Sodio: 890 mg, Fibra: 4 g

Fácil Pasta Vegetariana a la Italiana

3 tazas de pluma de pasta, cocida y escurrida
1 frasco (820 g) de salsa light para pasta
1 paquete (225 g) de queso mozzarella bajo en grasa, rallado
2 tazas de champiñones, en rebanadas delgadas
2 tazas de calabaza amarilla, rebanada a la mitad
2 tazas de calabacita, rebanada a la mitad

MEZCLE la pasta, la salsa, 1 taza de queso y las verduras en un recipiente grande.

SIRVA en un molde de 33×23 cm. Agregue el queso.

HORNEE a 190 °C de 20 a 25 minutos o hasta que se caliente bien.

Rinde 6 porciones

Tiempo de Preparación: 15 minutos
Tiempo de Horneado: 25 minutos

Nutrientes por Porción: Calorías: 370 (17% de Calorías de Grasa), Grasa Total: 7 g, Grasa Saturada: 4 g, Colesterol: 20 mg, Proteína: 21 g, Carbohidratos: 56 g, Sodio: 690 mg, Fibra: 6 g

Strata de Queso Cheddar

450 g de pan francés, en rebanadas de 1.5 a 2 cm, sin las orillas
2 tazas (225 g) de queso cheddar bajo en grasa, rallado
2 huevos enteros
3 claras de huevo
4 tazas de leche descremada
1 cucharadita de mostaza seca
1 cucharadita de cebolla fresca rallada
½ cucharadita de sal
Pimentón al gusto

1. Rocíe un refractario de 33×23 cm con aceite en aerosol. Coloque la mitad del pan en el refractario, sobreponiéndolos ligeramente si es necesario. Espolvoree con 1¼ tazas de queso. Coloque las rebanadas de pan restantes encima del queso.

2. Bata los huevos y las claras en un recipiente grande. Agregue la leche, la mostaza, la cebolla y la sal; revuelva bien. Vierta de manera uniforme sobre el pan y el queso. Cubra con el queso restante y espolvoree con pimentón. Cubra y refrigere durante 1 hora o por toda la noche.

3. Caliente el horno a 180 °C. Hornee durante unos 45 minutos o hasta que el queso se haya derretido y el pan se dore. Deje reposar por 5 minutos antes de servir. Adorne con estrellas de pimiento rojo y perejil italiano fresco, si lo desea.

Rinde 8 porciones

Nutrientes por Porción: Calorías: 297 (23% de Calorías de Grasa), Grasa Total: 7 g, Grasa Saturada: 3 g, Colesterol: 70 mg, Proteína: 18 g, Carbohidratos: 38 g, Sodio: 962 mg, Fibra: <1 g

Conchas Rellenas a la Florentina

1 taza (unos 120 g) de champiñones poco picados
½ taza de cebolla picada
1 diente de ajo picado
1 cucharadita de sazonador italiano
¼ de cucharadita de pimienta negra molida
1 cucharada de margarina
1 recipiente (450 g) de queso cottage sin grasa
1 paquete (285 g) de espinaca picada, descongelada y bien escurrida
½ taza de sustituto de huevo
24 conchas de pasta gigantes, cocidas en agua sin sal y escurridas
1 frasco (435 g) de salsa para espagueti baja en sodio

En una sartén grande, a fuego alto, saltee los champiñones, la cebolla, el ajo, el sazonador y la pimienta en la margarina, hasta que se suavicen. Retire del fuego; revuelva con el queso cottage, la espinaca y el sustituto de huevo. Rellene las conchas.

Distribuya ½ taza de la salsa de espagueti en un molde de 33×23×5 cm. Acomode las conchas sobre la salsa. Vierta el resto de la salsa; cubra y hornee a 180 °C durante 35 minutos o hasta que esté caliente.

Rinde 7 porciones

Tiempo de Preparación: 30 minutos
Tiempo de Cocción: 40 minutos

Nutrientes por Porción: Calorías: 255 (7% de Calorías de Grasa), Grasa Total: 2 g, Grasa Saturada: 1 g, Colesterol: 6 mg, Proteína: 15 g, Carbohidratos: 35 g, Sodio: 515 mg, Fibra: 3 g

Conchas Rellenas a la Florentina

Chili Vegetariano

1 cucharada de aceite vegetal
2 dientes de ajo finamente picados
1½ tazas de champiñones, en rebanadas delgadas
⅔ de taza de cebolla morada picada
⅔ de taza de pimiento morrón rojo picado
2 cucharaditas de chile en polvo
¼ de cucharadita de comino molido
⅛ de cucharadita de pimienta roja molida (opcional)
⅛ de cucharadita de orégano seco
1 lata (840 g) de tomates rojos enteros pelados
⅔ de taza de habas chicas congeladas
½ taza de frijoles (judías) rojos, escurridos y enjuagados
4 cucharadas de crema agria sin grasa
4 cucharadas de queso cheddar bajo en grasa, rallado

1. Caliente el aceite en una olla antiadherente grande a fuego medio-alto. Agregue el ajo. Fría por 3 minutos. Añada los champiñones, la cebolla y el pimiento. Fría durante 5 minutos; revuelva ocasionalmente. Incorpore el chile en polvo, el comino, la pimienta, si lo desea, y el orégano. Fría por 1 minuto. Agregue los tomates y las habas. Reduzca el fuego a medio-bajo. Deje hervir durante 15 minutos; revuelva ocasionalmente.

2. Sirva con crema agria y queso.

Rinde 4 porciones

Nutrientes por Porción: Calorías: 189 (24% de Calorías de Grasa), Grasa Total: 5 g, Grasa Saturada: 1 g, Colesterol: 3 mg, Proteína: 10 g, Carbohidratos: 29 g, Sodio: 428 mg, Fibra: 7 g

Chili Vegetariano

Sartén de Tomate, Papa y Albahaca

1 cucharada de aceite de oliva
3 tazas de papas rebanadas
⅓ de taza de albahaca fresca picada
2 huevos enteros
2 claras de huevo
2 cucharadas de leche descremada
1 cucharada de mostaza Dijon
1 cucharadita de mostaza seca
½ cucharadita de sal
¼ de cucharadita de pimienta negra
2 tazas de tomates rojos rebanados

1. Caliente 1½ cucharaditas de aceite en una sartén antiadherente mediana a fuego medio. Coloque, en capas, la mitad de las papas en la sartén. Tape; fría durante 3 minutos o hasta que se doren ligeramente. Voltéelas; cueza, tapado, por 3 minutos o hasta que se doren un poco. Retire las papas de la sartén. Repita con el aceite y las papas restantes.

2. Acomode todas las papas en la sartén. Espolvoree con albahaca. Bata los huevos, las claras, la leche, las mostazas, la sal y la pimienta en un recipiente pequeño. Vierta sobre las papas. Coloque los tomates sobre la mezcla de papa. Reduzca el fuego a bajo. Tape y cueza por 10 minutos o hasta que los huevos estén listos. *Rinde 4 porciones*

Nutrientes por Porción: Calorías: 260 (23% de Calorías de Grasa), Grasa Total: 7 g, Grasa Saturada: 1 g, Colesterol: 106 mg, Proteína: 9 g, Carbohidratos: 42 g, Sodio: 394 mg, Fibra: 4 g

368

Guisado de Lenteja sobre Couscous

1 cebolla grande picada
1 pimiento morrón verde picado
4 tallos de apio picados
1 zanahoria mediana, cortada verticalmente por la mitad y en trozos de 2.5 cm
2 dientes de ajo picados
3 tazas de lentejas (450 g), enjuagadas
1 lata (420 g) de tomates rojos picados, sin escurrir
420 ml de consomé de pollo, con poca sal
3 tazas de agua
¼ de cucharadita de pimienta negra
1 cucharadita de mejorana seca
1 cucharada de vinagre de manzana
1 cucharada de aceite de oliva
4½ a 5 tazas de couscous cocido caliente (opcional)
Rizos de zanahoria (opcional)
Hojas de apio (opcional)

INSTRUCCIONES PARA COCCIÓN LENTA
Combine la cebolla, el pimiento, el apio, la zanahoria, el ajo, las lentejas, los tomates con su jugo, el consomé, el agua, la pimienta negra y la mejorana en la olla de cocción lenta. Revuelva; tape y cueza a temperatura BAJA de 8 a 9 horas o hasta que las verduras estén cocidas.

Revuelva el vinagre y el aceite de oliva. Sirva sobre couscous. Adorne con los rizos de zanahoria y las hojas de apio, si lo desea.   *Rinde 12 porciones*

Consejo: Las lentejas se conservan en el refrigerador hasta por una 1 semana. El guisado también se puede congelar en un recipiente hermético en el congelador hasta por 3 meses.

Nutrientes por Porción: Calorías: 203 (9% de Calorías de Grasa), Grasa Total: 2 g, Grasa Saturada: <1 g, Colesterol: 0 mg, Proteína: 11 g, Carbohidratos: 37 g, Sodio: 128 mg, Fibra: 4 g

Cebada Horneada con Queso

2 tazas de agua
½ taza de cebada perla mediana
½ cucharadita de sal
  Aceite en aerosol
½ taza de cebolla picada
½ taza de calabacita picada
½ taza de pimiento morrón rojo picado
1½ cucharaditas de harina de trigo
  Pimienta sazonada
¾ de taza de leche descremada
1 taza (120 g) de mezcla de quesos italianos bajos en grasa, rallados
1 cucharada de mostaza Dijon

1. Ponga a hervir el agua en una olla de 1 litro de capacidad. Agregue la cebada y ¼ de cucharadita de sal. Tape y reduzca el fuego; deje hervir por 45 minutos o hasta que la cebada esté casi cocida y el agua se haya evaporado. Tape y deje reposar durante 5 minutos.

2. Caliente el horno a 190 °C. Rocíe una sartén con aceite en aerosol. Fría la cebolla, la calabacita y el pimiento, a fuego medio-bajo, por unos 10 minutos hasta que se suavice. Añada la harina, la sal restante y pimienta al gusto; cueza de 1 a 2 minutos. Vierta la leche y revuelva constantemente; cueza hasta que se espese un poco. Retire del fuego; incorpore la cebada, ¾ de taza de queso y la mostaza; revuelva hasta que el queso se derrita.

3. Distribuya en una capa en un refractario. Espolvoree con ¼ de taza de queso. Hornee por 20 minutos o hasta que se caliente. Caliente el asador. Ase de 1 a 2 minutos o hasta que el queso se dore ligeramente.

Rinde 2 porciones

Nutrientes por Porción: Calorías: 362 (23% de Calorías de Grasa), Grasa Total: 9 g, Grasa Saturada: 4 g, Colesterol: 32 mg, Proteína: 20 g, Carbohidratos: 50 g, Sodio: 1159 mg, Fibra: 6 g

Cebada Horneada con Queso

A

Aderezo Mexicano de Crema
Agria, 46

Adornos

Aderezo Mexicano de Crema
Agria, 46

Salsa de Mango, 322

Almendras

Pollo Almendrado, 186

Pollo con Couscous, 133

Pollo Marroquí con
Chabacano y Almendra, 22

Alubias, Ejotes y Frijoles

Burritos de Res y Frijoles, 346

Chili a la Texana, 316

Chili Arizona de Cerdo, 310

Chili BBQ Sureño, 312

Chili Blanco Invierno, 318

Chili Blanco Sureño, 299

Chili Caribeño, 320

Chili con Alubias y Maíz, 324

Chili con Arroz, 156

Chili con Carne, 313

Chili con Garbanzos y Arroz,
323

Chili de Alubias, 300

Chili de Bistec con Frijoles
Negros, 308

Chili de Pavo con Verduras y
Pasta, 326

Chili de Pollo, 296

Chili de Res y Verduras, 302

Chili de 7 Especias con
Cubierta de Pan de Maíz, 298

Chili Espeso con Carne, 310

Chili Olé en 30 Minutos, 304

Chili para Días Fríos, 319

Chili Sureño, 115

Chili Texas, 314

Chili Texas Ranch, 319

Chili 1-2-3-4, 90

Chili Vegetariano, 366

Alubias, Ejotes y Frijoles
(continuación)

Chili Vegetariano con Frijoles
Negros, 322

Cordero Toscano con Habas,
284

Delicioso Chili, 302

Enchiladas de Espinaca y
Champiñones, 358

Frijoles con Arroz y Jamón, 94

Guisado Campirano de Pollo,
272

Guisado Campirano Francés
de Pollo, 265

Guisado de Cerdo a la
Albahaca con Ejotes, 348

Guisado de Pavo y Frijoles
Negros, 338

Guisado de Salchicha y
Frijoles en Sartén, 154

Guisado de Ternera, 279

Guisado Jamaiquino de
Frijoles Negros, 292

Guisado Mexicano de Pollo,
269

Guisado Sureño de Pavo, 266

Gumbo de Verduras, 256

Magnífico Minestrone Mama
Mia, 261

Nutritiva Sopa de Alubias, 254

Nutritiva Sopa de Res con
Cerveza, 242

Pasta con Res y Alubias al
Horno, 32

Pasta e Fagioli, 254

Pavo con Frijoles, 72

Pay de Chipotle, 330

Pay Taco de Sartén, 146

Pay Vegetariano con Queso
Parmesano, 57

Pollo Cocido Toscano, 130

Pollo Marroquí, 273

Pollo Sureño con Frijoles, 172

Alubias, Ejotes y Frijoles
(continuación)

Sencillo Chili de Pavo, 298

Sopa Brasileña de Frijoles
Negros, 232

Sopa de Albóndigas Estilo
Italiano, 236

Sopa de Carne y Frijoles del
Oeste, 233

Sopa de Frijoles Negros con
Verduras, 230

Sopa de Pasta con Carne, 238

Sopa de Pasta con Garbanzos,
252

Sopa de Pollo en Sartén, 334

Sopa de Pollo Mexicali, 222

Sopa de Ravioles, 228

Sopa de Salchicha con Papas
del Campamento, 84

Sopa de Salchicha,
Habichuelas y Col, 108

Sustancioso Chile, 307

Tortilla con Frijoles, 24

Arroz al Queso con Jamón y
Brócoli en 15 minutos, 150

Arroz con Pollo Estilo Italiano,
125

Arroz con Salchicha Fiesta, 106

Arroz Español con Albóndigas,
143

Arroz Franco-Americano, 140

Arroz y Salchicha Nueva
Orleáns, 148

Atún con Especias y Linguine
con Ajo y Piñones, 160

B

Berenjena

Guisado de Calabacita con
Polenta, 351

Magnífico Minestrone Mama
Mia, 261

Ravioles sin Carne al Horno, 63

Bistec a la Pimienta, 86
Bistro en una Olla, 182
Brócoli
  Arroz al Queso con Jamón y
    Brócoli en 15 minutos, 150
  Brócoli con Queso al Horno,
    60
  Crema de Verduras, 246
  Champiñones con Brócoli al
    Horno, 54
  Guisado de Brócoli con Carne
    a la Crema, 48
  Pastel de Pavo con Brócoli, 8
  Pavo al Curry con Couscous,
    120
  Pollo Sofrito con Brócoli, 175
  Pollo y Brócoli Sofrito con
    Maní, 195
  Res a la Naranja con Brócoli,
    204
  "Risotto" de Pollo a la
    Jardinera, 124
  Sofrito de Pollo al Limón con
    Hierbas, 178
  Sofrito de Res al Jengibre con
    Fideos, 214
  Sofrito de Res con Brócoli, 201
  Sofrito de Res con Dijon-Miel
    y Verduras, 200
  Sopa de Brócoli y Papa, 357
  Sopa de Jamón con Verduras,
    90
Brócoli con Queso al Horno, 60
Burritos de Res y Frijoles, 346

C

Calabacita
  Cebada Horneada con Queso,
    370
  Deslumbrante Sofrito de Pollo
    y Verduras, 174
  Fácil Pasta Vegetariana a la
    Italiana, 362

Calabacita *(continuación)*
  Guisado de Calabacita con
    Polenta, 351
  Nutritiva Sopa de Res con
    Cerveza, 242
  Pasta con Calabacitas al
    Horno, 41
  Pollo a la Mandarina, 180
  Pollo de la Cosecha, 71
  Pollo Marroquí, 273
  Salsa de Verduras para Pasta,
    110
  Sofrito de Cerdo con
    Verduras, 207
  Sustancioso Chili, 307
Calabaza *(véase también*
    Calabacita)
  Fácil Pasta Vegetariana a la
    Italiana, 362
  Guisado de Ternera, 279
  Guisado Jamaiquino de
    Frijoles Negros, 292
  Magnífico Minestrone Mama
    Mia, 261
  Pollo a la Mandarina, 180
  Salsa de Verduras para Pasta,
    110
Camarón Caribeño con Arroz, 116
Camarón y Arroz Criollos, 162
Camarón y Verduras al Ajo, 216
Camarones con Cinco Especias y
  Nuez, 215
Camarones Louisiana y Gumbo
  de Pollo, 225
Carne con Verduras y Cheddar
  al Horno, 38
Carne Molida
  Arroz Español con
    Albóndigas, 143
  Arroz Franco-Americano, 140
  Carne con Verduras y
    Cheddar al Horno, 38
  Carne Sonoma y Arroz, 144

Carne Molida *(continuación)*
  Chili BBQ Sureño, 312
  Chili con Arroz, 156
  Chili con Carne, 313
  Chili con Masa de Maíz, 312
  Chili Espeso con Carne, 310
  Chili Olé en 30 Minutos, 304
  Chili para Días Fríos, 319
  Chili Texas, 314
  Chili Texas Ranch, 319
  Chili 1-2-3-4, 90
  Guisado Cremoso de Res y
    Verduras, 44
  Guisado de Carne Molida, 278
  Hamburguesa y Macarrones
    con Queso, 140
  Lasaña Suprema, 34
  Pasta con Calabacitas al
    Horno, 41
  Pasta con Res y Alubias al
    Horno, 32
  Pay de Res Tradicional, 38
  Pay Taco de Sartén, 146
  Pimientos Rellenos a la
    Italiana, 24
  Sartén de Espagueti y
    Salchicha, 152
  Sopa de Albóndigas Estilo
    Italiano, 236
  Sopa de Arroz Salvaje, 240
  Sopa Hamburguesa, 104
  Stroganoff de Res con Queso,
    150
  Tamal de Cazuela, 46
  Tortilla con Frijoles, 24
Carne Sonoma y Arroz, 144
Cebada
  Cebada Horneada con Queso,
    370
  Sopa de Cebada con
    Champiñones, 116
Cebada Horneada con Queso,
  370

Cerdo (*véanse también* **Jamón;**
   Salchicha; Tocino)
   Cerdo Cantonés Agridulce,
      200
   Chili Arizona de Cerdo, 310
   Chili Blanco Invierno, 318
   Chuletas de Cerdo con
      Manzanas y Relleno, 142
   Chuletas de Cerdo con
      Relleno de Jalapeño, Nuez y
      Pan de Maíz, 342
   Chuletas de Cerdo y Relleno
      de Manzana al Horno, 28
   Frittata de Papas con Cerdo,
      138
   Goulash Húngaro, 36
   Guisado Campirano de Pollo,
      272
   Guisado de Brócoli con Carne
      a la Crema, 48
   Guisado de Cerdo a la
      Albahaca con Ejotes, 348
   Guisado de Cerdo a la
      Francesa, 280
   Guisado de Cerdo a las
      Hierbas y Verduras, 285
   Guisado de Cerdo y Verduras
      con Tallarines, 286
   Guisado Griego de Cerdo, 278
   Guisado Mexicano con
      Tortillas, 42
   Ragoût de Cerdo y Tomate,
      88
   Sándwiches de Cerdo BBQ, 82
   Sofrito de Cerdo con
      Verduras, 207
   Sopa de Carne y Frijoles del
      Oeste, 233
   Sopa de Chícharos, 234
Cerdo Cantonés Agridulce, 200
Chabacanos: Pollo Marroquí
      con Chabacano y Almendra,
      22

Champiñones
   Atún con Especias y Linguine
      con Ajo y Piñones, 160
   Chili Vegetariano, 366
   Conchas Rellenas a la
      Florentina, 364
   Crema de Almeja Ranch, 246
   Crema de Pollo con Arroz
      Salvaje, 220
   Enchiladas de Espinaca y
      Champiñones, 358
   Espagueti al Horno, 26
   Espagueti con Pollo y Queso,
      4
   Fácil Guisado de Arroz con
      Res, 153
   Fácil Pasta Vegetariana a la
      Italiana, 362
   Guisado de Atún con Pasta,
      354
   Guisado de Cerdo a la
      Francesa, 280
   Guisado de Pollo con
      Champiñones, 128
   Guisado de Res al Vino Tinto,
      345
   Guisado de Salchicha con
      Polenta, 33
   Lasaña Suprema, 34
   Magnífico Minestrone Mama
      Mia, 261
   Nutritiva Sopa de Res con
      Cerveza, 242
   Pasta al Horno a la Toscana, 18
   Pilaf de Pollo con Arroz
      Integral en 20 Minutos, 328
   Pollo Almendrado, 186
   Pollo César Tetrazzini, 8
   Pollo Chino con Nuez, 78
   Pollo con Champiñones a la
      Crema, 66
   Pollo con Nuez de la India,
      190

Champiñones (*continuación*)
   Pollo con Tirabeques, 170
   Pollo Parisino, 74
   Pollo Sofrito con Brócoli, 175
   Pollo Tetrazzini, 19
   Rápido Festín Oriental, 182
   Res con Pasta a la Crema, 109
   Rica Sopa de Pasta, 230
   Salsa de Verduras para Pasta,
      110
   Sartén de Espagueti y
      Salchicha, 152
   Sencillo Coq au Vin, 72
   Sofrito de Cerdo con
      Verduras, 207
   Sopa Asiática de Pasta con
      Camarón, 260
   Sopa de Cebada con
      Champiñones, 116
   Stroganoff de Res y Chirivía,
      344
   Sustancioso Chili, 307
   Tetrazzini de Pavo, 332
Champiñones con Brócoli al
      Horno, 54
Chícharos
   Arroz con Pollo Estilo
      Italiano, 125
   Bistro en una Olla, 182
   Camarón Caribeño con Arroz,
      116
   Guisado Afrutado de
      Cordero, 274
   Guisado de Atún con Pasta,
      354
   Guisado de Res con Chirivía,
      288
   Pay Taco de Sartén, 146
   Pilaf de Pollo con Arroz
      Integral en 20 Minutos, 328
   Pollo al Curry con Coco, 80
   Pollo con Tirabeques, 170
   Rápido Festín Oriental, 182

Chícharos *(continuación)*
Res y Verduras Sofritos, 206
Sofrito de Res con Brócoli, 201
Sopa Asiática de Pasta con
Camarón, 260
Sopa de Chícharos, 234
Tentador Atún Parmesano, 166
Chili a la Texana, 316
Chili Arizona de Cerdo, 310
Chili BBQ Sureño, 312
Chili Blanco Invierno, 318
Chili Blanco Sureño, 299
Chili Caribeño, 320
Chili con Alubias y Maíz, 324
Chili con Arroz, 156
Chili con Carne, 313
Chili con Garbanzos y Arroz,
323
Chili con Masa de Maíz, 312
Chili de Alubias, 300
Chili de Bistec con Frijoles
Negros, 308
Chili de Pavo con Verduras y
Pasta, 326
Chili de Pollo, 296
Chili de Res y Verduras, 302
Chili de 7 Especias con Cubierta
de Pan de Maíz, 298
Chili Espeso con Carne, 310
Chili Olé en 30 Minutos, 304
Chili para Días Fríos, 319
Chili Sureño, 115
Chili Texas, 314
Chili Texas Ranch, 319
Chili 1-2-3-4, 90
Chili Vegetariano, 366
Chili Vegetariano con Frijoles
Negros, 322
Chilis, 296–324
Chili Sureño, 115
Chili 1-2-3-4, 90
Chili Vegetariano, 366
Pavo con Frijoles, 72

Chirivías
Cocido de Res con Melaza y
Pasas, 96
Guisado de Res con Chirivía,
288
Stroganoff de Res y Chirivía,
344
Chuletas de Cerdo con
Manzanas y Relleno, 142
Chuletas de Cerdo con Relleno
de Jalapeño, Nuez y Pan de
Maíz, 342
Chuletas de Cerdo y Relleno de
Manzana al Horno, 28
Clásicas Conchas Rellenas, 54
Clásicos Rollos de Col, 102
Cocido de Res con Melaza y
Pasas, 96
Col
Clásicos Rollos de Col, 102
Rollos de Col Rellenos de
Pollo y Arroz, 20
Sopa de Albóndigas Estilo
Italiano, 236
Sopa de Pollo en Sartén, 334
Sopa de Salchicha,
Habichuelas y Col, 108
Conchas Rellenas a la
Florentina, 364
Cordero
Clásicos Rollos de Col, 102
Cordero en Salsa de Eneldo, 92
Cordero Toscano con Habas,
284
Guisado Afrutado de
Cordero, 274
Sartén de Cordero, 350
Cordero Toscano con Habas, 284
Crema de Almeja, 250
Crema de Almeja Ranch, 246, 255
Crema de Pollo con Arroz
Salvaje, 220
Crema de Verduras, 246

D
Delicioso Chili, 302
Deslumbrante Sofrito de Pollo y
Verduras, 174
Dulce y Sabroso Guisado de
Salchicha, 44

E
Elegante y Rápido Guisado, 10
Enchiladas de Pollo, 6
Espagueti al Horno, 26
Espagueti con Pollo y Queso,
4
Espagueti Santa Fe, 192
Espárragos
Fácil Pay de Cangrejo y
Espárragos, 62
Pollo Oriental con Espárragos,
176
Sofrito Dragón Verde, 210
Espinaca
Conchas Rellenas a la
Florentina, 364
Enchiladas de Espinaca y
Champiñones, 358
Frittata de Tocino de Pavo
Baja en Grasa, 336
Guisado de Pasta y Espinaca
con Queso, 62
Lasaña de Espinaca, 362
Ravioles con Salsa de Tomate
Casera, 352
Rollos de Lasaña
Condimentados, 40
Sopa de Pollo con Tortellini,
224
Sopa de Pollo y Cebada, 226

F
Fácil Cocido de Res al Horno,
40
Fácil Guisado de Arroz con Res,
153

376

Fácil Pasta Vegetariana a la
Italiana, 362
Fácil Pay de Cangrejo y
Espárragos, 62
Fajitas de Res con Pimiento, 94
Fajitas Festivas, 338
Frijoles con Arroz y Jamón, 94
Frittata de Cangrejo, 165
Frittata de Papas con Cerdo,
138
Frittata de Tocino de Pavo Baja
en Grasa, 336

G
Goulash Húngaro, 36
Goulash Húngaro de Res, 276
Guisado Afrutado de Cordero,
274
Guisado Agridulce de
Albóndigas de Pavo, 268
Guisado Brunswick, 76
Guisado Campirano de Pollo,
272
Guisado Campirano Francés de
Pollo, 265
Guisado Cremoso de Res y
Verduras, 44
Guisado de Atún con Pasta, 58,
354
Guisado de Atún de Mamá, 112
Guisado de Atún y Pasta, 56
Guisado de Bistec, 156
Guisado de Brócoli con Carne a
la Crema, 48
Guisado de Calabacita con
Polenta, 351
Guisado de Carne Molida, 278
Guisado de Cerdo a la Albahaca
con Ejotes, 348
Guisado de Cerdo a la Francesa,
280
Guisado de Cerdo a las Hierbas
y Verduras, 285

Guisado de Enchilada de Pollo,
118
Guisado de Lenteja sobre
Couscous, 369
Guisado de Ostras con Maíz, 290
Guisado de Pasta con Queso, 56
Guisado de Pavo al Curry con
Cubierta, 264
Guisado de Pavo y Frijoles
Negros, 338
Guisado de Pollo, 332
Guisado de Pollo con
Champiñones, 128
Guisado de Pollo con Masa, 270
Guisado de Pollo con Tortillas, 11
Guisado de Res al Vino Tinto, 345
Guisado de Res con Chirivía, 288
Guisado de Res Favorito, 282
Guisado de Salchicha y Frijoles
en Sartén, 154
Guisado de Ternera, 279
Guisado Griego de Cerdo, 278
Guisado He-Man, 68
Guisado Jamaiquino de Frijoles
Negros, 292
Guisado Mexicano con Tortillas,
42
Guisado Mexicano de Pollo, 269
Guisado Primavera con Queso,
162
Guisado Sureño de Pavo, 266
Guisados, 4–64, 262–294
Cebada Horneada con Queso,
370
Cocido de Res con Melaza y
Pasas, 96
Conchas Rellenas a la
Florentina, 364
Cordero en Salsa de Eneldo, 92
Enchiladas de Espinaca y
Champiñones, 358
Fácil Guisado de Arroz con
Res, 153

Guisados (continuación)
Fácil Pasta Vegetariana a la
Italiana, 362
Frittata de Tocino de Pavo
Baja en Grasa, 336
Guisado Brunswick, 76
Guisado de Atún con Pasta, 354
Guisado de Calabacita con
Polenta, 351
Guisado de Lenteja sobre
Couscous, 369
Guisado de Pavo y Frijoles
Negros, 338
Guisado de Res al Vino Tinto,
345
Guisado de Salchicha y
Frijoles en Sartén, 154
Guisado He-Man, 68
Gumbo de Salchicha
Ahumada, 98
Lasaña de Espinaca, 362
Pasta Horneada, 356
Pay de Chipotle, 330
Ragoût de Cerdo y Tomate, 88
Ravioles con Salsa de Tomate
Casera, 352
Strata de Queso Cheddar, 363
Tetrazzini de Pavo, 332
Gumbo de Pollo, 340
Gumbo de Salchicha Ahumada,
98
Gumbo de Verduras, 256

H
Hamburguesa y Macarrones con
Queso, 140

J
Jamón
Arroz al Queso con Jamón y
Brócoli en 15 minutos, 150
Brócoli con Queso al Horno,
60

Jamón *(continuación)*
Frijoles con Arroz y Jamón, 94
Jambalaya de Salchicha con Jamón, 144
Pasta Primavera a la Crema, 148
Quiché Sureño de Jamón con Queso, 33
Rápido Jambalaya de Pollo, 125
Sopa de Jamón con Verduras, 90
Sopa de Papa con Cheddar, 244
Sopa de Queso con Jamón y Cerveza, 241
"Sopa Secreta", 240

L
Lasaña Mexicana, 12
Lasaña Suprema, 34
Lentejas
Guisado de Lenteja sobre Couscous, 369
Nutritivo Guisado de Lentejas, 294
Limón
Pollo al Limón-Ajo con Arroz, 122
Sofrito de Pollo al Limón con Hierbas, 178

M
Magnífico Minestrone Mama Mia, 261
Maíz
Chili Blanco Invierno, 318
Chili con Alubias y Maíz, 324
Chili con Carne, 313
Chili con Garbanzos y Arroz, 323
Chili de Pavo con Verduras y Pasta, 326

Maíz *(continuación)*
Chili de Res y Verduras, 302
Chili de 7 Especias con Cubierta de Pan de Maíz, 298
Chili Olé en 30 Minutos, 304
Chili Sureño, 115
Chili Vegetariano con Frijoles Negros, 322
Crema de Almeja, 250
Guisado de Ostras con Maíz, 290
Guisado Mexicano de Pollo, 269
Pay Taco de Sartén, 146
Pollo BBQ Sureño con Arroz, 134
Pollo Sofrito con Brócoli, 175
"Risotto" de Pollo a la Jardinera, 124
Sartén de Cordero, 350
Sopa de Almeja Ranch, 255
Sopa de Brócoli y Papa, 357
Sopa de Jamón con Verduras, 90
Sopa de Maíz Doble con Cheddar, 360
Sopa de Pavo, 224
Sopa de Pollo con Tortilla, 218
Sopa de Pollo Mexicali, 222
Sopa de Salmón, Maíz y Cebada, 248
Sopa de Salsa de Maíz con Pollo, 222
Tamal de Cazuela, 46
Maní
Pollo y Brócoli Sofrito con Maní, 195
Sofrito de Res con Cinco Especias, 198
Manicotti Marinara, 64

Manzanas
Chuletas de Cerdo con Manzanas y Relleno, 142
Chuletas de Cerdo y Relleno de Manzana al Horno, 28
Dulce y Sabroso Guisado de Salchicha, 44
Guisado Campirano de Pollo, 272
Guisado de Pavo al Curry con Cubierta, 264
Pollo Estilo Normandía, 16
Mariscos
Pilaf de Pollo con Arroz Integral en 20 Minutos, 328
Pollo Bayou Criollo, 333
Sartén de Cordero, 350
Sartén de Pollo y Arroz con Ajo y Hierbas, 339
Sartén de Tomate, Papa y Albahaca, 368
Sopa de Pollo en Sartén, 334
Mariscos Alfredo Estilo Newburg, 158
Muslos Criollos de Pollo con Arroz, 126
Muslos de Pollo
Guisado Brunswick, 76
Guisado Campirano de Pollo, 272
Gumbo de Pollo, 340
Muslos Criollos de Pollo con Arroz, 126
Pollo Campirano del Capitán, 77
Pollo Marroquí, 273
Pollo Oriental con Espárragos, 176
Rápido Jambalaya de Pollo, 125
Sopa de Pollo Mexicali, 222
Sopa de Pollo y Cebada, 226

377

N

Naranja
    Fajitas a la Naranja, 202
    Pollo a la Mandarina, 180
    Res a la Naranja con Brócoli, 204
    Sofrito de Pollo al Limón con Hierbas, 178

Nueces
    Arroz Franco-Americano, 140
    Camarones con Cinco Especias y Nuez, 215
    Pollo con Nueces, 194

Nuez de la India
    Pollo Chino con Nuez, 78
    Pollo con Nuez de la India, 190

Nutritiva Sopa de Alubias, 254
Nutritiva Sopa de Res con Cerveza, 242
Nutritivo Guisado de Lentejas, 294
Nutritivo Guisado de Pollo, 262

P

Pad Thai, 184

Papas
    Bistro en una Olla, 182
    Cordero en Salsa de Eneldo, 92
    Crema de Almeja, 250
    Fácil Cocido de Res al Horno, 40
    Frittata de Papas con Cerdo, 138
    Guisado Brunswick, 76
    Guisado de Bistec, 156
    Guisado de Carne Molida, 278
    Guisado de Cerdo a la Albahaca con Ejotes, 348
    Guisado de Cerdo a las Hierbas y Verduras, 285

Papas (continuación)
    Guisado de Pollo con Masa, 270
    Guisado de Res al Vino Tinto, 345
    Guisado de Res Favorito, 282
    Guisado de Salchicha y Frijoles en Sartén, 154
    Nutritivo Guisado de Pollo, 262
    Papas y Salchichas al Horno, 30
    Pollo al Curry con Coco, 80
    Pollo Cocido Toscano, 130
    Pollo y Papas a las Hierbas, 10
    Ragoût de Cerdo y Tomate, 88
    Salchichas con Papas, 142
    Sartén de Tomate, Papa y Albahaca, 368
    Sopa de Almeja Ranch, 255
    Sopa de Brócoli y Papa, 357
    Sopa de Papa con Cheddar, 244
    Sopa de Papa con Queso, 232
    Sopa de Queso con Papa Horneada, 260
    Sopa de Salchicha con Papas del Campamento, 84

Papas y Salchichas al Horno, 30
Pasta al Horno a la Toscana, 18
Pasta con Cuatro Quesos, 60
Pasta con Pollo y Verduras, 168
Pasta con Res y Alubias al Horno, 32
Pasta e Fagioli, 254
Pasta Horneada, 356
Pasta Primavera a la Crema, 148

Pavo (véase también **Pavo Cocido**)
    Chili de Pavo con Verduras y Pasta, 326
    Chili de 7 Especias con Cubierta de Pan de Maíz, 298

Pavo (continuación)
    Guisado Agridulce de Albóndigas de Pavo, 268
    Guisado de Pavo al Curry con Cubierta, 264
    Guisado Sureño de Pavo, 266
    Pasta al Horno a la Toscana, 18
    Pavo al Curry con Couscous, 120
    Pavo con Chile Verde y Licor de Café, 306
    Pavo con Frijoles, 72
    Pay de Chipotle, 330
    Rico Pay de Pavo en Cazuela, 14
    Sencillo Chili de Pavo, 298
    Sustancioso Chili, 307
    Tacos de Pavo, 70

Pavo al Curry con Couscous, 120

Pavo Cocido
    Pastel de Pavo con Brócoli, 8
    Sopa de Pavo, 224
    Tetrazzini de Pavo, 332

Pavo con Chile Verde y Licor de Café, 306
Pavo con Frijoles, 72
Pay de Atún, 50
Pay de Chipotle, 330
Pay de Res Tradicional, 38
Pay Taco de Sartén, 146
Pay Vegetariano con Queso Parmesano, 57

Pechugas de Pollo
    Arroz con Pollo Estilo Italiano, 125
    Chili Blanco Sureño, 299
    Espagueti con Pollo y Queso, 4
    Fajitas Festivas, 338
    Guisado Campirano de Pollo, 272

Pechugas de Pollo
(continuación)
Guisado Campirano Francés
de Pollo, 265
Guisado de Pollo con
Champiñones, 128
Guisado de Pollo con Masa,
270
Guisado de Pollo con Tortillas,
11
Guisado Mexicano de Pollo,
269
Lasaña Mexicana, 12
Pad Thai, 184
Pasta con Pollo y Verduras,
168
Pilaf de Pollo con Arroz
Integral en 20 Minutos, 328
Pollo a la Mandarina, 180
Pollo al Curry con Coco, 80
Pollo al Curry con Couscous,
136
Pollo al Limón-Ajo con Arroz,
122
Pollo Almendrado, 186
Pollo Bayou Criollo, 333
Pollo BBQ Sureño con Arroz,
134
Pollo Cocido Toscano, 130
Pollo con Arroz, 74
Pollo con Arroz Frito
Shanghai, 188
Pollo con Champiñones a la
Crema, 66
Pollo con Couscous, 133
Pollo con Nueces, 194
Pollo con Nuez de la India,
190
Pollo con Pasta Parmesanos al
Horno, 18
Pollo con Relleno, 68
Pollo con Tirabeques, 170
Pollo Continental, 78

Pechugas de Pollo
(continuación)
Pollo Parisino, 74
Pollo Sureño con Frijoles, 172
Pollo y Brócoli Sofrito con
Maní, 195
Pollo y Papas a las Hierbas, 10
Rápido Festín Oriental, 182
Rápido Sofrito de Pollo, 189
"Risotto" de Pollo a la
Jardinera, 124
Sartén de Pollo y Arroz con
Ajo y Hierbas, 339
Sofrito de Pollo al Limón con
Hierbas, 178
Sofrito Jambalaya sobre Arroz
Cajún, 212
Sopa de Pollo en Sartén, 334
Sopa de Salsa de Maíz con
Pollo, 222
Pescado
Atún con Especias y Linguine
con Ajo y Piñones, 160
Guisado de Atún con Pasta,
58, 354
Guisado de Atún de Mamá,
112
Guisado de Atún y Pasta, 56
Pay de Atún, 50
Sopa de Salmón, Maíz y
Cebada, 248
Tentador Atún Parmesano, 166
Veronique de Atún, 164
Piernas de Pollo
Pollo de la Cosecha, 71
Pollo Marroquí, 273
Sencillo Coq au Vin, 72
Pilaf de Pollo con Arroz Integral
en 20 Minutos, 328
Pimientos Morrones
Arroz con Pollo Estilo
Italiano, 125
Arroz con Salchicha Fiesta, 106

Pimientos Morrones
(continuación)
Arroz Español con
Albóndigas, 143
Bistec a la Pimienta, 86
Camarón y Verduras al Ajo, 216
Camarones con Cinco Especias
y Nuez, 215
Camarones Louisiana y
Gumbo de Pollo, 225
Carne Sonoma y Arroz, 144
Cebada Horneada con Queso,
370
Cerdo Cantonés Agridulce, 200
Chili Caribeño, 320
Chili con Carne, 313
Chili con Masa de Maíz, 312
Chili de Bistec con Frijoles
Negros, 308
Chili de Pollo, 296
Chili de Res y Verduras, 302
Chili para Días Fríos, 319
Chili Sureño, 115
Chili Vegetariano, 366
Chili Vegetariano con Frijoles
Negros, 322
Crema de Almeja, 250
Deslumbrante Sofrito de Pollo
y Verduras, 174
Fajitas de Res con Pimiento, 94
Frittata de Cangrejo, 165
Frittata de Tocino de Pavo
Baja en Grasa, 336
Goulash Húngaro de Res, 276
Guisado Agridulce de
Albóndigas de Pavo, 268
Guisado de Atún con Pasta,
58
Guisado de Bistec, 156
Guisado de Brócoli con Carne
a la Crema, 48
Guisado de Calabacita con
Polenta, 351

379

Pimientos Morrones
(continuación)
Guisado de Lenteja sobre
Couscous, 369
Guisado de Pavo y Frijoles
Negros, 338
Guisado de Pollo con
Champiñones, 128
Guisado de Pollo con Tortillas,
11
Guisado de Salchicha con
Polenta, 33
Guisado de Salchicha y
Frijoles en Sartén, 154
Guisado Sureño de Pavo, 266
Gumbo de Pollo, 340
Gumbo de Salchicha
Ahumada, 98
Gumbo de Verduras, 256
Jambalaya de Camarón, 114
Muslos Criollos de Pollo con
Arroz, 126
Pavo con Chile Verde y Licor
de Café, 306
Pay de Chipotle, 330
Pimientos Rellenos a la
Italiana, 24
Pollo a la Mandarina, 180
Pollo al Limón-Ajo con Arroz,
122
Pollo Campirano del Capitán,
77
Pollo Cocido Toscano, 130
Pollo con Nuez de la India, 190
Pollo con Tirabeques, 170
Pollo Oriental con Espárragos,
176
Pollo Sureño con Frijoles, 172
Pollo y Brócoli Sofrito con
Maní, 195
Rápido Sofrito de Res, 196
Res a la Naranja con Brócoli,
204

Pimientos Morrones
(continuación)
Rica Sopa de Pasta, 230
Salchichas con Papas, 142
Salsa de Verduras para Pasta,
110
Sartén de Cordero, 350
Sofrito de Cerdo con
Verduras, 207
Sofrito de Res al Jengibre con
Fideos, 214
Sofrito de Res con Brócoli, 201
Sofrito de Res con Cinco
Especias, 198
Sofrito de Res con Dijon-Miel
y Verduras, 200
Sofrito Dragón Verde, 210
Sofrito Jambalaya sobre Arroz
Cajún, 212
Sopa de Jamón con Verduras,
90
Sopa de Maíz Doble con
Cheddar, 360
Sopa de Pollo en Sartén, 334
Sopa de Salchicha con Papas
del Campamento, 84
Submarinos Italianos, 95
Sustancioso Chili, 307
Pimientos Rellenos a la Italiana,
24

Piñones
Atún con Especias y Linguine
con Ajo y Piñones, 160
Magnífico Minestrone Mama
Mia, 261

Platillos de Cocción Lenta, 66–261
Chuletas de Cerdo con
Relleno de Jalapeño, Nuez y
Pan de Maíz, 342
Guisado de Pavo y Frijoles
Negros, 338
Stroganoff de Res y Chirivía,
344

Platillos Vegetarianos
Cebada Horneada con Queso,
370
Champiñones con Brócoli al
Horno, 54
Chili Caribeño, 320
Chili con Alubias y Maíz, 324
Chili con Garbanzos y Arroz,
323
Chili Vegetariano, 366
Chili Vegetariano con Frijoles
Negros, 322
Clásicas Conchas Rellenas, 54
Conchas Rellenas a la
Florentina, 364
Crema de Verduras, 246
Fácil Pasta Vegetariana a la
Italiana, 362
Guisado de Calabacita con
Polenta, 351
Guisado de Lenteja sobre
Couscous, 369
Guisado de Pasta con Queso,
56
Guisado de Pasta y Espinaca
con Queso, 62
Guisado Jamaiquino de
Frijoles Negros, 292
Guisado Primavera con
Queso, 162
Lasaña de Espinaca, 362
Magnífico Minestrone Mama
Mia, 261
Manicotti Marinara, 64
Nutritiva Sopa de Alubias, 254
Nutritivo Guisado de Lentejas,
294
Pasta con Cuatro Quesos, 60
Pasta Horneada, 356
Pay Vegetariano con Queso
Parmesano, 57
Ravioles con Salsa de Tomate
Casera, 352

Platillos Vegetarianos
(continuación)
Ravioles sin Carne al Horno, 63
Rigatoni con Ricotta, 52
Salsa de Verduras para Pasta, 110
Sartén de Tomate, Papa y Albahaca, 368
Sopa Brasileña de Frijoles Negros, 232
Strata de Queso Cheddar, 363
Pollo *(véanse también* **Muslos de Pollo; Pechugas de Pollo; Piernas de Pollo; Pollo Cocido; Pollo Molido***)*
Bistro en una Olla, 182
Deslumbrante Sofrito de Pollo y Verduras, 174
Enchiladas de Pollo, 6
Espagueti Santa Fe, 192
Guisado He-Man, 68
Nutritivo Guisado de Pollo, 262
Pollo Sofrito con Brócoli, 175
Sofrito Asiático de Pollo, 188
Sofrito de Pasta con Pollo y Verduras, 183
Pollo a la Mandarina, 180
Pollo al Curry con Coco, 80
Pollo al Curry con Couscous, 136
Pollo Almendrado, 186
Pollo Bayou Criollo, 333
Pollo BBQ Sureño con Arroz, 134
Pollo Campirano del Capitán, 77
Pollo César Tetrazzini, 8
Pollo Chino con Nuez, 78
Pollo Cocido
Camarones Louisiana y Gumbo de Pollo, 225
Crema de Pollo con Arroz Salvaje, 220

Pollo Cocido *(continuación)*
Elegante y Rápido Guisado, 10
Guisado de Enchilada de Pollo, 118
Guisado de Pollo, 332
Pay de Pollo en Sartén, 132
Pollo César Tetrazzini, 8
Pollo Chino con Nuez, 78
Pollo Tetrazzini, 19
Rápido Pollo para la Cena, 132
Rollos de Col Rellenos de Pollo y Arroz, 20
Sopa de Pollo con Tortellini, 224
Sopa de Pollo con Tortilla, 218
Pollo con Arroz Frito Shanghai, 188
Pollo con Arroz, 74
Pollo con Champiñones a la Crema, 66
Pollo con Couscous, 133
Pollo con Nueces, 194
Pollo con Nuez de la India, 190
Pollo con Pasta Parmesanos al Horno, 18
Pollo con Relleno, 68
Pollo con Tirabeques, 170
Pollo Continental, 78
Pollo de la Cosecha, 71
Pollo Estilo Normandía, 16
Pollo Marroquí, 273
Pollo Marroquí con Chabacano y Almendra, 22
Pollo Molido
Chili de Alubias, 300
Chili de Pollo, 296
Pollo Estilo Normandía, 16
Pollo Marroquí con Chabacano y Almendra, 22
Pollo Oriental con Espárragos, 176
Pollo Parisino, 74
Pollo Sofrito con Brócoli, 175

Pollo Sureño con Frijoles, 172
Pollo Tetrazzini, 19
Pollo y Brócoli Sofrito con Maní, 195
Pollo y Papas a las Hierbas, 10
Poro
Bistro en una Olla, 182
Guisado Campirano de Pollo, 272
Sopa de Brócoli y Papa, 357
Sopa de Pollo y Cebada, 226

Q

Queso Ricotta
Clásicas Conchas Rellenas, 54
Frittata de Tocino de Pavo Baja en Grasa, 336
Guisado de Pasta y Espinaca con Queso, 62
Lasaña Mexicana, 12
Manicotti Marinara, 64
Rigatoni con Ricotta, 52
Rollos de Lasaña Condimentados, 40
Quiché Sureño de Jamón con Queso, 33

R

Rápida y Sencilla Sopa de Albóndigas, 228
Rápido Festín Oriental, 182
Rápido Jambalaya de Pollo, 125
Rápido Pollo para la Cena, 132
Rápido Sofrito de Pollo, 174, 189
Rápido Sofrito de Res, 196
Ravioles con Salsa de Tomate Casera, 352
Ravioles sin Carne al Horno, 63
Res *(véase también* **Carne Molida***)*
Bistec a la Pimienta, 86
Burritos de Res y Frijoles, 346

Res *(continuación)*
Cocido de Res con Melaza y Pasas, 96
Chili a la Texana, 316
Chili de Bistec con Frijoles Negros, 308
Chili de Res y Verduras, 302
Chili Texas, 314
Fácil Cocido de Res al Horno, 40
Fácil Guisado de Arroz con Res, 153
Fajitas a la Naranja, 202
Fajitas de Res con Pimiento, 94
Goulash Húngaro de Res, 276
Guisado de Bistec, 156
Guisado de Res al Vino Tinto, 345
Guisado de Res con Chirivía, 288
Guisado de Res Favorito, 282
Nutritiva Sopa de Res con Cerveza, 242
Pollo Continental, 78
Rápido Sofrito de Res, 196
Res a la Naranja con Brócoli, 204
Res Cantonesa con Tomate, 208
Res con Pasta a la Crema, 109
Res y Verduras Sofritos, 206
Salchichas con Papas, 142
Sencillo Stroganoff de Res, 84, 152
Sencillos Sándwiches de Res, 100
Sofrito de Res al Jengibre con Fideos, 214
Sofrito de Res con Brócoli, 201
Sofrito de Res con Cinco Especias, 198

Res *(continuación)*
Sofrito de Res con Dijon-Miel y Verduras, 200
Sofrito Dragón Verde, 210
Sopa de Pasta con Carne, 238
Stroganoff de Res y Chirivía, 344
Submarinos Italianos, 95
Res Cantonesa con Tomate, 208
Res con Pasta a la Crema, 109
Res y Verduras Sofritos, 206
Rica Sopa de Pasta, 230
Rico Pay de Pavo en Cazuela, 14
Rigatoni con Ricotta, 52
"Risotto" de Pollo a la Jardinera, 124
Rollos de Col Rellenos de Pollo y Arroz, 20
Rollos de Lasaña Condimentados, 40

S
Salchicha
Arroz con Salchicha Fiesta, 106
Arroz y Salchicha Nueva Orleáns, 148
Delicioso Chili, 302
Dulce y Sabroso Guisado de Salchicha, 44
Espagueti al Horno, 26
Frijoles con Arroz y Jamón, 94
Guisado de Pavo y Frijoles Negros, 338
Guisado de Salchicha con Polenta, 33
Guisado de Salchicha y Frijoles en Sartén, 154
Gumbo de Salchicha Ahumada, 98
Jambalaya de Salchicha con Jamón, 144
Lasaña Suprema, 34

Salchicha *(continuación)*
Papas y Salchichas al Horno, 30
Pasta al Horno a la Toscana, 18
Rollos de Lasaña Condimentados, 40
Salchichas con Papas, 142
Sartén de Espagueti y Salchicha, 152
Sartén de Salchicha y Pimientos, 154
Sofrito Jambalaya sobre Arroz Cajún, 212
Sopa de Albóndigas Estilo Italiano, 236
Sopa de Frijoles Negros con Verduras, 230
Sopa de Ravioles, 228
Sopa de Salchicha con Papas del Campamento, 84
Sopa de Salchicha, Habichuelas y Col, 108
Submarinos Italianos, 95
Salchichas con Papas, 142
Salsa de Mango, 322
Salsa de Verduras para Pasta, 110
Sándwiches
Sándwiches de Cerdo BBQ, 82
Sencillos Sándwiches de Res, 100
Submarinos Italianos, 95
Sándwiches de Cerdo BBQ, 82
Sartén de Cordero, 350
Sartén de Espagueti y Salchicha, 152
Sartén de Pollo y Arroz con Ajo y Hierbas, 339
Sartén de Salchicha y Pimientos, 154
Sartén de Tomate, Papa y Albahaca, 368

Sencillo Stroganoff de Res, 84, 152

Sencillos Sándwiches de Res, 100

Sofrito Asiático de Pollo, 188

Sofrito de Cerdo con Verduras, 207

Sofrito de Pasta con Pollo y Verduras, 183

Sofrito de Res al Jengibre con Fideos, 214

Sofrito de Res con Cinco Especias, 198

Sofrito de Res con Dijon-Miel y Verduras, 200

Sofrito Dragón Verde, 210

Sofrito Jambalaya sobre Arroz Cajún, 212

Sopa Asiática de Pasta con Camarón, 260

Sopa Brasileña de Frijoles Negros, 232

Sopa de Albóndigas Estilo Italiano, 236

Sopa de Arroz Salvaje, 240

Sopa de Carne y Frijoles del Oeste, 233

Sopa de Cebada con Champiñones, 116

Sopa de Chícharos, 234

Sopa de Frijoles Negros con Verduras, 230

Sopa de Jamón con Verduras, 90

Sopa de Maíz Doble con Cheddar, 360

Sopa de Mariscos para "Enamorados", 258

Sopa de Papa con Cheddar, 244

Sopa de Papa con Queso, 232

Sopa de Pasta con Carne, 238

Sopa de Pasta con Garbanzos, 252

Sopa de Pollo con Tortellini, 224

Sopa de Pollo con Tortilla, 218

Sopa de Pollo Mexicali, 222

Sopa de Pollo y Cebada, 226

Sopa de Queso con Papa Horneada, 260

Sopa de Ravioles, 228

Sopa de Salchicha con Papas del Campamento, 84

Sopa de Salmón, Maíz y Cebada, 248

Sopa de Salsa de Maíz con Pollo, 222

Sopa Hamburguesa, 104

"Sopa Secreta", 240

Sopas, 218-261

Gumbo de Pollo, 340

Sopa de Brócoli y Papa, 357

Sopa de Cebada con Champiñones, 116

Sopa de Jamón con Verduras, 90

Sopa de Maíz Doble con Cheddar, 360

Sopa de Pollo en Sartén, 334

Sopa de Salchicha con Papas del Campamento, 84

Sopa de Salchicha, Habichuelas y Col, 108

Sopa Hamburguesa, 104

Strata de Queso Cheddar, 363

Stroganoff de Res con Queso, 150

Stroganoff de Res y Chirivía, 344

Submarinos Italianos, 95

Sustancioso Chili, 307

T

Tacos de Pavo, 70

Tamal de Cazuela, 46

Tentador Atún Parmesano, 166

Ternera: Guisado de Ternera, 279

Tetrazzini de Pavo, 332

Tocino

Arroz Español con Albóndigas, 143

Frittata de Tocino de Pavo Baja en Grasa, 336

Guisado Campirano de Pollo, 272

Guisado Campirano Francés de Pollo, 265

Pollo Continental, 78

Sopa de Almeja Ranch, 255

Sopa de Pasta con Garbanzos, 252

Tomates Rojos Frescos

Atún con Especias y Linguine con Ajo y Piñones, 160

Carne Sonoma y Arroz, 144

Chili a la Texana, 316

Chili con Masa de Maíz, 312

Chili de Bistec con Frijoles Negros, 308

Frittata de Cangrejo, 165

Guisado de Calabacita con Polenta, 351

Guisado Jamaiquino de Frijoles Negros, 292

Magnífico Minestrone Mama Mia, 261

Nutritiva Sopa de Alubias, 254

Pay Taco de Sartén, 146

Ravioles con Salsa de Tomate Casera, 352

Res Cantonesa con Tomate, 208

Sartén de Tomate, Papa y Albahaca, 368

Tortilla con Frijoles, 24

V

Veronique de Atún, 164

TABLA DE CONVERSIÓN

MEDIDAS DE CAPACIDAD (seco)

⅛ de cucharadita = 0.5 ml
¼ de cucharadita = 1 ml
½ cucharadita = 2 ml
¾ de cucharadita = 4 ml
1 cucharadita = 5 ml
1 cucharada = 15 ml
2 cucharadas = 30 ml
¼ de taza = 60 ml
⅓ de taza = 75 ml
½ taza = 125 ml
⅔ de taza = 150 ml
¾ de taza = 175 ml
1 taza = 250 ml
2 tazas = 1 pinta (pint) = 500 ml
3 tazas = 750 ml
4 tazas = 1 litro (1 quart)

MEDIDAS DE CAPACIDAD (líquido)

30 ml = 2 cucharadas = 1 fl. oz
125 ml = ½ taza = 4 fl. oz
250 ml = 1 taza = 8 fl. oz
375 ml = 1 ½ tazas = 12 fl. oz
500 ml = 2 tazas = 16 fl. oz

PESO (masa)

15 g = ½ onza (oz)
30 g = 1 onza (oz)
90 g = 3 onzas (oz)
120 g = 4 onzas (in)
225 g = 8 onzas (in)
285 g = 10 onzas (in)
360 g = 12 onzas (in)
450 g = 16 onzas (in)

115 g = ¼ de libra (lb)
150 g = ⅓ de libra (lb)
225 g = ½ libra (lb)
340 g = ¾ de libra (lb)
450 g = 1 libra = 1 pound
565 g = 1¼ libras (lb)
675 g = 1½ libras (lb)
800 g = 1¾ libras (lb)
900 g = 2 libras (lb)
1.125 kg = 2 ½ libras (lb)
1.240 kg = 2 ¾ libras (lb)
1.350 kg = 3 libras (lb)
1.500 kg = 3 ½ libras (lb)
1.700 kg = 3 ¾ libras (lb)
1.800 kg = 4 libras (lb)
2.250 kg = 5 libras (lb)
2.700 kg = 6 libras (lb)
3.600 kg = 8 libras (lb)

TEMPERATURA DEL HORNO

48 °C = 120 °F
54 °C = 130 °F
60 °C = 140 °F
65 °C = 150 °F
70 °C = 160 °F
76 °C = 170 °F
81 °C = 180 °F
92 °C = 200 °F
120 °C = 250 °F
140 °C = 275 °F
150 °C = 300 °F
160 °C = 325 °F
180 °C = 350 °F
190 °C = 375 °F
200 °C = 400 °F
220 °C = 425 °F
230 °C = 450 °F
240 °C = 500 °F

LONGITUD

0.2 cm = ¹⁄₁₆ de pulgada (in)
0.3 cm = ⅛ de pulgada (in)
0.5 cm = ¼ de pulgada (in)
1.5 cm = ½ pulgada (in)
2.0 cm = ¾ de pulgada (in)
2.5 cm = 1 pulgada (in)

MEDIDAS DE RECIPIENTES PARA HORNEAR

Molde	Medidas en cm	Medidas en pulgadas/ cuartos (quarts)	Capacidad
Para torta (cuadrada o rectangular)	20×20×5	8×8×2	2 litros
	23×23×5	9×9×2	2.5 litros
	30×20×5	12×8×2	3 litros
	33×23×5	13×9×2	3.5 litros
Para barra	20×10×7	8×4×3	1.5 litros
	23×13×7	9×5×3	2 litros
Para torta redonda	20×4	8×1½	1.2 litros
	23×4	9×1½	1.5 litros
Para pay	20×3	8×1¼	750 ml
	23×3	9×1¼	1 litro
Cacerola para hornear	———	1 cuarto (quart)	1 litro
	———	1½ cuartos	1.5 litros
		2 cuartos	2 litros